Merci à ceux sans qui rien n'aurait été possible :

Alex ECRETOUS, Leslie BAUNES, Will GOTOUHAILE, L.-P. MIE, L.-P. HEUSSE.

Éditeur : Books on Demand GmbH, 12/14 rond point des Champs Élysées, 75008 Paris, France
Impression : Books on Demand GmbH, Norderstedt, Allemagne
ISBN : 978-2-8106-2501-7
Dépôt légal : Juillet 2012

Du même auteur

Le mâle et sa femelle, l'homme et sa pétasse
(à paraître)

***Je suis con mais qu'est-ce que j'aime ça!
Portrait d'un français de base***
(à paraître)

« L'imagination est plus importante que le savoir. »

Albert EINSTEIN

*« Il n'est bien que parce
qu'il est bien né ! »*

P. de LA HAYE

Préface

Finalement, je n'ai pas demandé ni même souhaité à quelque moment que ce soit que l'on préface mon livre. Ce n'est ni bien ni mal, c'est simplement un fait, ou plutôt une décision mûrement réfléchie.

Souvent, en ce qui me concerne, je ne les lis pas les préfaces, ces quelques lignes ou quelques pages à la gloire de celui qui a écrit ou de ce qui a été écrit. Et très souvent, lorsque j'ai pris finalement le temps de les parcourir, je le regrette aussitôt car elles ne m'apportent rien, mais alors rien de rien !

D'autre part, je ne suis pas certain que quelqu'un de plus ou moins connu, ou même carrément inconnu et désireux de le rester, dans quelque média que ce soit, ait eu l'envie et peut-être même le courage de mettre son nom et sa réputation en danger en cautionnant ce livre.

Les Définitions

14

Les origines des définitions

Le Larousse, le Robert, Google et tout ce qu'internet nous proposent, et bien d'autres sources, nous donnent des définitions qui nous guideront tout au long de cet ouvrage.

La Science

« Du latin *scientia*, de *scrire*, savoir.»

Ensemble cohérent de connaissances relatives à certaines catégories de faits, d'objets ou de phénomènes : les progrès de la science ; talent, habileté à faire quelque chose.

Sciences humaines : sciences qui ont pour objet de connaissance les différents aspects de l'homme et de la société (histoire, sociologie, psychologie, *etc.*).

Sciences naturelles : sciences constituées à partir de l'étude de la nature (botanique, géologie, zoologie, *etc.*).

Science pure : synonyme de « recherche fondamentale ».

Les Sciences : disciplines où le calcul et l'observation ont la plus grande part, par opposition aux Lettres.

La Recherche

La recherche scientifique recouvre des réalités très hétérogènes. Le *Manuel de Frascati*, pour satisfaire des besoins statistiques, définit plusieurs types de recherche :

1- La recherche fondamentale, entreprise principalement – mais pas toujours exclusivement – en vue de produire de nouvelles connaissances indépendantes des perspectives d'application ;
2- La recherche appliquée, qui est dirigée vers un but et un objectif pratiques ;

3- Les activités de développement, parfois confondues avec la recherche technologique (qui, elle, consiste en l'application de ses connaissances pour la fabrication de nouveaux matériaux, produits ou dispositifs).

Les différentes formes de recherche se distinguent par le système normatif qui les encadre, mais aussi de manière plus concrète par les lieux, les métiers, les modes de financement et d'évaluation, *etc.*

Le chercheur

Le chercheur est un individu dont la fonction est de faire de la recherche.

Le *Manuel de Frascati* stipule qu'il est un « spécialiste travaillant à la conception ou à la création, ou production, de connaissances, de produits, de procédés, de méthodes et de systèmes nouveaux et à la gestion des projets concernés. »

La paillasse

On parle d'une paillasse de laboratoire pour désigner un endroit ou un plan de travail qui peut être aménagé et équipé pour y mener des expériences ou des manipulations de chimie ou autres disciplines.

Le bec Bunsen

On attribue son invention à Robert-Wilhelm Bunsen. Le bec Bunsen ne lui doit son nom que parce que son assistant de laboratoire, Peter Desdega, avait perfectionné, en 1855, un modèle créé par Michael Faraday.
Il est muni de quatre éléments principaux : une arrivée de gaz latérale, un ajutage (gicleur), une virole et une cheminée.

L'Université

Ensemble d'établissements scolaires relevant de l'enseignement supérieur.

Le troisième concile de Latran (1179) avait décidé que toute église ou cathédrale devrait entretenir un maître chargé d'instruire les clercs de l'Eglise. C'est de l'école épiscopale de Paris que naquit la plus ancienne université de France. Philippe-Auguste (1200), puis le pape (1215) lui accordèrent les privilèges d'une corporation ecclésiastique. Elle obtint le droit exclusif de conférer les droits de bachelier, de licencié et de docteur aux étudiants répartis en quatre facultés (arts libéraux, droit canon, médecine, théologie). La période d'apogée de l'université de Paris s'étend du XIIIe au XVe siècle.

En province, des universités s'étaient créées à l'image de celle de Paris. Les plus anciennes étaient celles de Toulouse (1229-1230) et de Montpellier (1289).

Supprimée en 1790, l'université fut réorganisée en 1808 par Napoléon 1er qui la plaça sous la surveillance directe de l'état.
En 1968, déjà, les universités ont été dotées d'une large autonomie administrative, pédagogique et financière.

Acte 0

Avertissement sans risque ?

Avertissement sans risque ?

Il est important voire habituel, de bon ton et indéniablement tout à fait recommandé de rappeler que tout ce qui est écrit dans un livre ou sur tout autre support autorisant sa diffusion ne saurait être, bien évidemment, et encore plus naturellement que pure fiction de l'esprit.

Il est tout aussi fondamental de rappeler que toute ressemblance à quelque niveau que ce soit avec des personnes vivantes ou ayant existé, avec des structures existantes ou ayant existé ne serait être, ne saurait être, ne pourrait être – il est essentiel de le marteler ici – que pure coïncidence.

Que de tournures et formules alambiquées pour dire que ce que l'on écrit, que ce que l'on produit et met à la disposition du plus grand nombre souhaité n'a rien à voir avec ce que l'on vit, ce que l'on a vécu ou ce que l'on vivra !

Mais, que l'on se rassure ici, je vais instantanément renoncer, et avec le plus grand plaisir, à ce premier avertissement, à ce premier préambule.

Il va de soi que je n'ai pas vraiment l'intention de me cacher derrière une telle déclaration bateau et de circonstance, que l'on lit sans lire dès que le sujet ou les sujets traités deviennent à tout le moins embarrassants. C'est à ce moment là qu'il convient de s'abriter derrière cette annonce afin, pense-t-on, d'être en mesure de se protéger de réelles ou d'imaginaires poursuites qu'elles soient judiciaires ou d'une toute autre nature.

Pour être tout à fait honnête, et ce sera le *leitmotiv* de ce que je vais vous conter ici, cette déclaration, si je devais comme beaucoup d'auteurs le rappeler, ne serait qu'un mensonge éhonté qui me permettrait d'échapper à toute critique plus ou moins violente, plus ou moins justifiée. En fait, je ne vais point être tendre, et de ce fait

20

je ne peux manifestement souscrire à une telle profession de foi qui ne serait que trahison !

Il n'y a donc que les noms et les prénoms des protagonistes qui ont été pris au hasard quoique ces patronymes aient été fréquemment choisis pour moquer ceux qui en sont affublés.

J'ai certainement, je le concède volontiers, usé et abusé de cette opportunité au travers de certains choix très orientés dans les prénoms de mes héros, d'un petit faible quant à l'effet commun et ridicule que j'y ai parfois attaché. Je le reconnais et je prie les malheureux, je m'avance peut-être, porteurs de ces patronymes plus ou moins obsolètes de bien vouloir me pardonner mais, en ce qui me concerne, ils font partie de cette caricature des personnages dont je vais conter l'existence d'une grande médiocrité et particulièrement néfaste pour notre système éducatif.

Le reste, c'est de la réalité pur jus, du ressenti, du vécu, du rejeté, du vomi par un observateur responsable, impliqué, qui a rassemblé en plus de quarante belles pleines années un certain nombre de faits et de vérités certainement difficiles à entendre pour beaucoup, mais qui doivent être dits, qui doivent être écrits, qui doivent être lus, qui doivent être divulgués, qui doivent être discutés et qui seront, souvent, bien évidemment, récusés par les intéressés, par ces acteurs médiocres de pièces dont ils s'imaginent être les auteurs. Ce ne sont souvent aussi que de piètres metteurs en scène, des petits producteurs avares, des incompétents qui nagent dans leur auto satisfaction. Quel régal !

Pourquoi, pourrait-on rétorquer légitimement, cette attaque frontale envers une communauté de petits hommes et de petites femmes, petits par l'esprit, petits par les ambitions qu'ils sont incapables d'avoir et même d'imaginer pour ceux et celles qu'ils sont trop souvent dans l'impossibilité d'écouter et d'entendre, et donc d'instruire ?

J'ai pensé qu'il était temps de porter le débat, très modestement, à un autre niveau et que l'on ne pouvait plus laisser faire et dire tout et n'importe quoi, qu'il était peut-être aussi temps de dire au contraire haut et fort ce que beaucoup pensent bas ou tout bas mais n'osent exprimer, à savoir leur ras le bol du système éducatif français et de beaucoup de ses petits soldats qui n'ont rien à y faire, et qu'il faudrait renvoyer sur le champ, pas celui de batailles, car ils les ont déjà toutes perdues ou désertées quelles qu'elles auraient pu être, et sans solde !

J'utiliserai donc soit la première personne du singulier soit la première personne du pluriel pour attaquer en règle cette caste d'êtres calamiteux et sans intérêt que sont beaucoup trop d'enseignants en France.

Acte 1

Préambule déclaratif

Préambule déclaratif

Enseignantes et enseignants de tous poils, que vous soyez, que vous ayez été, que vous envisagiez d'être, que vous ayez rêvé d'être, que vous rêviez d'être, que vous serez, ce que vous appelez et prétendez être – je veux ici les nommer de manière non exhaustive – vous les instituteurs, les formateurs assermentés ou non, les professeurs des écoles, les professeurs contractuels, les professeurs stagiaires, les certifiés, les agrégés, les planqués, les titulaires, les non titulaires, les pauvres remplaçants, vous aussi les maîtres de conférences, les professeurs associés, les professeurs des universités, les professeurs de différents échelons, les professeurs de classe exceptionnelle, les professeurs émérites, les chercheurs, les trouveurs, petits soldats titulaires ou non, fonctionnaires ou non, assimilés fonctionnaires, de l'éducation, de la formation et de l'enseignement, qu'ils soient au jardin d'enfants, en maternelle, en primaire, dans le secondaire, dans le supérieur, dans la formation continue, vous les confirmés ou non confirmés, formés ou non formés, en formation ou en perfectionnement, en arrêt maladie ou en arrêt de flemme aigue, les précaires, les retraités, je vous aime et je vous hais !

Peut-être que cette déclaration apparaîtra au premier abord comme très forte, trop forte, cela étant j'avais véritablement un désir profond depuis trop longtemps contenu, de la faire, de la crier de l'exprimer, de la faire sortir de l'extirper de mes entrailles intellectuelles. C'est un cri du cœur ou plutôt des tripes ! Ce ne peut être qu'un cri véritable, long et puissant, que vous n'entendrez pas mais que vous imaginerez aisément en lisant les lignes suivantes.

Il est vrai, il est sincère, il est profond, il est outrancier, il est souvent caricatural, peut-être à l'excès, il doit trouver un écho, je ne peux pas imaginer être à ce point l'unique malade de cette vermine qui me ronge et me travaille.

Le temps est venu, en ce qui me concerne, de dénoncer publiquement cette confrontation permanente à une caste réelle et envahissante, une caste faite d'un grand nombre de privilégiés arrogants, fourbes et lâches, et aussi de serviteurs fantastiques. Cette caste, c'est celle des enseignants. Je l'ai attaquée, critiquée, vilipendée, houspillée, depuis des dizaines d'années cette caste d'un côté si sournoise et dévastatrice et d'un autre côté si admirable, légitime et fragile car tout simplement vraie.

Ce n'est pas de ceux que j'aime, de ceux que j'admire dont je vais parler avec honnêteté, dureté, car je n'ai pas besoin de le leur dire. Ils font leur métier, ils sont le métier, ils s'investissent, apportent constamment, patiemment et consciencieusement leur pierre indispensable à l'édifice qui fait que notre monde est monde, qu'il s'enrichit en permanence, qu'il permet ce transfert, ce passage du témoin du savoir, de génération en génération. Ils participent à la démocratie, à l'éclosion des passions et des orientations de vie.

Ceux-là, tous ceux-là que j'ai côtoyés, mais aussi ceux que je n'ai pas eu la chance de rencontrer, ou trop rarement, que tous nous avons côtoyés aussi rarement j'en suis persuadé, ils sont vrais, animés par une passion réelle, une vocation sincère sans fioritures, avec une immense motivation et un dévouement à toute épreuve.

Ceux-là, on ne les entend guère. Ils assument, ils sont responsables, courageux, ceux-là, ce sont les justes de l'éducation, ils sont les trésors de la nation à l'image d'un Japon qui sait, quant à lui et quand il le faut, reconnaître ceux qui ont fait, font et feront son identité véritable.

Ceux-là donc, qu'il nous incombe absolument de soutenir, d'aider, d'aimer, de défendre et de protéger car ils sont peu – trop peu, et leur espèce est malheureusement, elle aussi, réellement en voie de disparition.

Elle va disparaître inéluctablement car les autres, les malfaisants, les mauvais, ne font que gagner constamment du terrain, qu'ils détruisent et polluent tout sur leur passage ; rien ne poussera jamais plus, déjà qu'ils n'étaient capables de pas grand-chose, et surtout pas de semer quelque graine de connaissance que ce soit comme ils auraient dû le faire. Je ne parle pas évidemment ici de profit, je parle de richesse intérieure, de découvertes de soi, de découvertes de l'autre.

J'ai rencontré de vrais enseignants, des instituteurs des professeurs, des contractuels, des assistants, des pédagogues, des *sachants* qui avaient une âme. J'ai rencontré des personnes admirables de dévouement où le nombrilisme corporatiste n'avait pas pu, ni même à aucun moment voulu, s'immiscer même sous les pressions multiples.

De ceux-là, je ne peux que leur dire à quel point ce que nous leur devons, ce que je leur dois pour mes enfants, mais aussi pour moi. A ceux là, je rendrai hommage dans un ouvrage qui leur accordera une place privilégiée, la place qu'ils méritent et où je décrirai ce que veut dire engagement, don de soi, conviction d'avoir à remplir cette mission d'éducation aux côtés des parents, aux côtés des familles, aux côtés des éducateurs, aux côtés des institutions de notre société dans son entièreté, aux côtés des enfants, aux côtés de ceux qui veulent apprendre, aux côtés de ceux qui doivent apprendre, aux côtés de ceux qui leur préparent un monde dont ils hériteront et que nous n'assumerons pas à leur place.

De ceux-là, je parlerai avec flamme, autant que des petits de tous ces petits, insignifiants, méprisables que je vais décrire ou plutôt vomir longuement avec quelques arrêts pour me rincer la bouche et recommencer dans les lignes qui vont suivre.

De ceux-là, les justes d'entre les justes, je voudrais que l'on parle plus souvent qu'on ne le fait aujourd'hui, qu'on les décore, comme d'aucuns disaient, d'un hochet de la république car ils sont aussi, comme je l'ai écrit plus haut, ceux qui ne recherchent pas automatiquement une reconnaissance autre que celle d'avoir fait émerger chez l'enfant, chez l'étudiant, chez l'apprenant ce quelque chose qui va le marquer toute sa vie durant.

De ceux-là qui ont permis l'éclosion des vocations, le respect des autres, la famille, la justice donc l'égalité au travers de la différence, la liberté et pourquoi pas la fraternité.

De ceux-là qui ont permis, permettent et permettront que nous vivions en harmonie, que la durabilité de nos acquis, de notre terre, des autres, de tous les autres, soit une ambition naturelle et permanente.

Ce livre, car il en a la prétention, n'a pas pour objectif de faire plaisir ou de déplaire à qui que ce soit. Cela étant, une ligne conductrice a été réfléchie, suggérée puis renforcée tout au long de sa rédaction et je n'y dérogerai point. Je ne m'en écarterai pas, n'en déplaise aux cerveaux spongieux dégoulinant de suffisance qui sont l'armature intellectuelle, puisse-t-on encore parler d'intellect chez ces handicapés du bulbe, ces misérables.

Cette ligne a été motivée par toutes ces années d'observation, de constatations, de constats, de tristesses, mais aussi de joies, malheureusement trop peu fréquentes. Et ce regard sans concession je le jette car j'en ai plus qu'assez de cette caste de petits chefaillons surpuissants paradant devant leurs élèves impuissants, dans des atmosphères closes d'où seuls sortent les excès – quand ils peuvent éventuellement en sortir. Ne nous faisons aucune illusion sur ces drames en vases clos.

Le métier d'enseignant est certainement un très beau métier à l'origine mais il est devenu, au cours du temps et encore souvent à contre courant, le refuge bien trop douillet de tous les aigris, les amers, les fatigués, les harassés, les nuls, les revenus de tout et de rien, de tous ces petits frustrés, de tous ces pauvres clones suffisants et de l'ensemble de cette communauté de médiocres.

De tous ceux totalement incapables de se remettre, à quelque moment que ce soit, en question, pathétiquement et misérablement inaptes à pouvoir se projeter en tenant compte de toutes les mutations phénoménales et permanentes de notre société, de nos sociétés qui apparaissent si fragiles.

On retrouvera parmi cette cohorte d'enseignants ou à tout le moins parmi ces êtres vivants dotés d'un cerveau fortement atrophié, ceux qui sont restés imperturbablement et complètement imperméables aux évolutions d'une société qui s'est épanouie partout dans ce monde qui est le notre et qui est aussi le leur, et malheureusement celui de nos enfants, aujourd'hui sur cette planète en danger. On parle ici d'une société qui se doit d'être constamment à l'écoute de ses enfants, de leurs parents et de tous ceux qui contribuent à les éduquer, une société qui serait pour le moins attentive à tous les bouleversements du monde dans lequel elle prétend avoir une place de choix et où elle se doit, ou se devrait, à tout le moins, de pouvoir en toute liberté et de façon permanente évoluer attentive à tous ceux qui la composent.

Tout a donc bougé dans le monde libre et éduqué, sauf dans la patrie, ma patrie, celle de celui qui permit à l'école d'exister et de grandir, Jules Ferry. Je n'ai pas l'intention de faire du politiquement correct et je pousserai à l'extrême l'ensemble de mes affirmations, références et démonstrations.

Il est venu, j'en suis désormais tout à fait convaincu, le temps, comme je l'ai annoncé en introduction, de dire tout haut ce que beaucoup, et peut-être même l'immense majorité, ressentent tout bas, au plus profond d'eux-mêmes. Il est important de réagir face à une caste hyper protégée, qui ne connaît pas la notion de risque, qui ne sait pas ou plus qu'au-delà des écoles de la République, au-delà de notre microcosme franchouillard qui représente, même si cela fait très mal à le rappeler, moins de un pour cent de l'humanité, le monde a bougé, qu'il bouge et qu'il bougera encore plus, avec ou sans nous. Il n'est plus possible de dispenser un enseignement comme on le faisait il y a un siècle, ni même il y a dix ans !

Le corollaire évident pour un esprit doté d'une intelligence moyenne est qu'il n'est plus possible de traiter les élèves, de traiter ceux qui doivent ou veulent apprendre comme on le faisait en 1911 ou en l'an 2000 ! Lorsque j'entends ici et là d'aucuns estimer qu'à l'âge de nos élèves ou étudiants, ils savaient tellement plus de choses, les bras m'en tombent ! Possédaient-ils au même âge un téléphone portable, une connexion internet, une télévision haute définition, CNN, une Play Station, une DS, une Wii, un smart phone, une tablette, l'accès à des réseaux sociaux, un livre numérique avec en poche des centaines voire des milliers de titres, cent, mille chaines de télévision, de radio accessibles et de plus ou moins haute définition ? Possédaient-ils des calculettes, des GPS, des possibilités de traverser le monde en quelques heures, réellement ou virtuellement, *etc.* Une fois, j'ai fortement apprécié une publicité de CANAL+ : « Au moins quand mes enfants sont devant CANAL+, ils ne sont pas devant la télé… »

J'aimerais que nos enfants aillent à l'école et qu'ils soient contents d'y aller, d'apprendre, de s'ouvrir au monde, de se tromper, de faillir, de rebondir, d'être confrontés à des enseignants, de vrais enseignants et des éducateurs non corporatistes qui aient vraiment envie d'éduquer et non pas d'humilier, heureusement, il en existe encore ! Que nos enfants aillent pour apprendre et pas simplement qu'ils aillent « à l'école » !

Comment peut-on donner, de nos jours, dans les classes de la République une note humiliante lorsqu'en dessin, ou en arts plastiques, on laisse à l'enfant la possibilité de s'exprimer ? Quelle est cette façon d'envisager la motivation ? Ne doit-on pas punir l'enseignant et non l'élève face à une telle absurdité ? Comment peut-on humilier un élève qui peine à sortir quelques notes harmonieuses de sa flûte ? Personne n'a prétendu avoir ni vouloir produire des Mozart dans son cours !

J'aimerais que nos enfants aillent à l'école avec l'envie d'apprendre, qu'ils en reviennent le soir avec les yeux brillants, la joie d'y avoir appris, d'y avoir rencontré ceux et celles qui savent et qui leur ouvrent les portes du monde, qu'ils soient heureux le lendemain et le surlendemain à nouveau d'y retourner. C'est de cela dont je vais parler au travers de différentes tranches de vie de personnages que je n'aime pas, que je méprise du plus profond de mon être car ils cristallisent, certainement à outrance, tous les travers que je veux dénoncer.

Acte 2

Tranches de vie

Tranche de Vie 1

La créativité en France, un mythe ?

« Révèle ton secret au vent, mais ne lui reproche pas de le répéter aux arbres. »

Khalil GIBRAN

Homo sapiens, pretentius creativus inventivus...

Le cerveau humain, pas de tous les humains malheureusement ou heureusement et loin s'en faut, possède une aptitude dite prodigieuse à traiter, interpréter, retranscrire et manipuler l'information. Et ceci se faisant tout naturellement en tenant compte du fait que chacun est convaincu qu'il est en possession d'un « organe », le cerveau, son cerveau, doté d'une intelligence plus que largement suffisante. Bien évidemment, si l'on se contente de regarder du côté de sa misérable fenêtre, cette intelligence ne sera, ne pourra être en aucun cas inférieure à l'intelligence de son voisin, et dans tous les cas supérieure à celle du demeuré qui lui a pris sa place de stationnement, celle qui lui était destinée, celle à laquelle il avait légitimement droit, celle qui lui tendait les bras, juste quand il allait, au terme d'un rallye éprouvant sur le parking de son supermarché favori, enfin pouvoir garer sa précieuse caisse.

C'est cette aptitude d'auto-conviction d'être en possession d'un organe fondamental et fortement développé qui, semble-t-il, lui confère un sentiment, dans tous les cas largement partagé par ses congénères, d'une supériorité certaine de mammifère éclairé sur tous les autres êtres vivants, mammifères ou non. Sur ce point précis, il est évident qu'il nous serait difficile d'admettre, pauvres humains prétentieux, que le cerveau d'une hyène, d'un dauphin, d'un bonobo ou d'un bulot puisse rivaliser avec le notre, quoique...

On peut aussi souligner la propension des « scientifiques », des chercheurs professionnels, parmi lesquels nos fameux enseignants chercheurs, ou « penseurs », à affirmer la suprématie dudit cerveau sur les calculateurs ou ordinateurs les plus performants à ce jour. Encore une fois, cette faculté dérisoire et proclamée à démontrer ou plutôt à se convaincre que la « machine » est encore en retard sur ce prodigieux « organe » qui nous a été donné, nous dépasse et nous dépassera toujours quoi qu'il advienne. Pour ouvrir ce débat, nous proposons donc de commencer par contester le fait que le cerveau de l'homme surdoué domine la machine et qu'il puisse, par exemple, effectuer des milliards d'opérations par seconde et que le grand maître d'échecs pourra visualiser dix mille coups à l'avance.

Croire en nos facultés a ses limites, et se convaincre perpétuellement d'une supériorité dans certains domaines confine au ridicule. On pourrait même décemment se poser la question des potentialités de créativité de certains systèmes experts ou intelligents, conçus et fabriqués par l'homme, mais qui ne peuvent, à terme (beaucoup en sont convaincus), que le dépasser si ce n'est déjà fait au demeurant. Certains philosophes aiment à croire que cette créativité et cette sensibilité qui nous sont propres ne pourront jamais être reproduites ni même approchées, ce qui nous parait non seulement absurde mais complètement illusoire. L'homme doté, donc, d'une intelligence supérieure a créé l'invention car c'est de manière évidente quelque chose qui n'existait pas. De ce fait, il est établi que le cerveau de l'homme, ou de la femme (…), a conçu puis réalisé, à la suite d'un processus que nous pourrions qualifier « d'intelligent » un certain nombre d'outils qui lui ont permis de survivre, puis de vivre et d'évoluer. Enfin, pas tous…

C'est ce cerveau qui fait que l'homme est homme et qui lui permet d'apprendre et lui donne l'occasion ou la chance de transmettre. Ce sont donc des personnes qui, officiellement ont un cerveau bien fait et qui en sont intimement persuadées, qui sont supposées enseigner à nos enfants. C'est de cette certitude dont il sera aussi question dans les chapitres suivants puisque de « cerveau » il y aura, mais de capacité de réflexion il n'y en aura que de façon très parcellaire.

Tranche de vie 2

Les Chercheurs en France

Le nouveau collectif : « Sauvons la recherche de certains de ses chercheurs ! »

Le mouvement de contestation que la plupart des quatre-vingt-cinq universités françaises ont connu ou plutôt subi au début de l'année 2009 ne peut uniquement être interprété par le rejet parfois violent et irresponsable de lois qui visaient à l'autonomie des universités en France ou lois « LRU » (lois sur les libertés et responsabilités des universités).

Il serait aussi tout à fait réducteur d'y voir un mouvement d'auto-défense courageux, sain, animé de considérations uniquement altruistes, spontané et salutaire par rapport ou plutôt violemment contre des dispositions qui, selon les chercheurs et les enseignants-chercheurs, les scientifiques appointés et revendiqués comme tels des laboratoires de la République, viseraient à augmenter de manière démesurée le pouvoir des « présidents » de ces universités. Et ce pouvoir nouveau des présidents, par voie de conséquence, et d'après leurs déclarations, viserait de manière insidieuse à réduire, dans les mêmes proportions, leurs marges de manœuvre quant à leurs modalités de fonctionnement. Il conviendrait plutôt d'y entrevoir, et ce après que la totalité des universités françaises est devenue effectivement « autonome », la résurgence d'un mouvement archaïque. Un mouvement porté par des scientifiques quelquefois bons voire brillants, mais souvent très médiocres et ceci, malheureusement, dans leur écrasante majorité. Ces scientifiques qui n'en ont que le nom se proposent dans un élan de courage à nul autre pareil d'attaquer de front et en groupe, soi-disant uni, un système qui les protège et qui va, d'après eux, les écarter de leurs missions sacrées car là se situe le nœud du problème qu'ils n'arrivent pas à expliquer aux contribuables français, misérables non chercheurs que nous sommes. Certains d'entre eux, mais ils ne sont pas légion, sont comme on l'a dit plus haut de bons voire de très bons scientifiques, nobélisables ou nobélisés, de bons chercheurs. Mais ils sont assez souvent hantés voire obsédés par une idée fortement répandue car colportée par les messagers de la défiance, d'une perte d'un pouvoir de conduire comme ils l'entendent les recherches qu'ils ont décidé de poursuivre avant, pendant et après leur thèse de doctorat et de leur fameuse HDR ou habilitation à diriger des recherches !

La raison même de leur « passion », de leur « vocation », de leur « engagement » initial qu'ils veulent et qu'ils affirment « désintéressés » dans une voie de recherche, et aussi d'enseignement, dans le « supérieur » (on ne parle ici bien entendu que de l'enseignement), serait ainsi menacée. Même si la plupart n'ont jamais été formés à cette mission d'enseignement et de transmission de connaissances qui est aussi la leur et qui va de pair avec le contrat moral, et le contrat de travail qu'ils ont signé avec l'Etat et qui comporte cette clause souveraine « d'indépendance ». C'est cette raison donc qui expliquerait, qui cautionnerait, qui justifierait, qui légitimerait leurs actions et les débordements qui les ont émaillées, et qui motiverait, d'après eux, leur mouvement.

C'est là que le véritable fondement de la contestation intervient. C'est cette conviction permanente d'une main mise de l'Etat, main mise insidieuse uniquement guidée par des objectifs bassement politiques et électoralistes de rentabilité qui priverait les chercheurs de notre beau pays, pays des droits de l'homme, de leur liberté donc, « inaliénable » quant aux choix et aux méthodes de leurs recherches.

La « science » telle qu'elle est pratiquée, ou plutôt interprétée et malmenée par une minorité agissante et vindicative, est « faite » par des « scientifiques », les enseignants-chercheurs ou EC si l'on excepte les dignes représentants d'autres organismes tels que le C.N.R.S., l'I.N.S.E.R.M., l'I.N.R.A., l'I.N.R.I.A., *etc.*, pour des scientifiques ! Ce n'est pas une lapalissade puisque ces enseignants chercheurs, ces fonctionnaires ou assimilés fonctionnaires d'un état qui les rémunère et leur garantit une « carrière » potentiellement aussi douce que leur retraite, refusent dans leur grande majorité, si on les écoute, que l'on puisse même envisager, imaginer, prévoir, lorsque l'on démarre une activité de recherche, d'entrapercevoir même tout à fait modestement des « applications » quelconques !

Mais ce qu'ils ne comprennent pas, entre autres choses bien évidemment car on le verra leur ouverture d'esprit est assez limitée, c'est que la notion de recherche, de science fondamentale, c'est-à-dire d'un travail scientifique que l'on accomplit sans fixer d'applications pratiques immédiates (Larousse) n'a rien à voir avec les applications qui pourraient en être tirées ! Nul ne prétend et n'a jamais prétendu en France comme à l'étranger, car nos croisés de la recherche noble ne sont pas isolés, bien au contraire, obliger les chercheurs, les scientifiques à ne travailler qu'en fonction des retombées potentielles. Et si c'était le cas, hors privé, cela se saurait et aurait démontré la limite du modèle.

Pour prendre un exemple tout fait caractéristique, la conquête spatiale n'a jamais été programmée en fonction de ses retombées ou *spinoffs* pour reprendre le terme consacré par les Etats-Unis au travers de la NASA, loin s'en faut. Cependant, nul ne peut nier les multiples applications que les recherches technologiques entreprises et développées depuis plus de cinquante ans dans cette aventure de l'humanité ont permis de mettre au point. Nul ne peut contester les avancées fantastiques que ces technologies ont permises et qui ont eu des applications fondamentales dans notre vie de tous les jours ; du pacemaker en passant par l'airbag ou la pile à combustible.

La science n'est pas « à vendre » entend-on, « l'entreprise », le « capital », le « grand capital », il faudrait peut-être que ces forçats du labo nous expliquent ce qu'est le « petit capital », l'argent, quels mots sales et pervers, n'ayons pas peur de nommer l'innommable, ne peuvent pas entrer à l'université ! Ils ne peuvent, les industriels, les acteurs socio-économiques non académiques, tout simplement pas y avoir droit de cité c'est-à-dire

49

qu'ils ne peuvent être admis dans quelque chose d'aussi noble qui s'appelle « l'Université ».

Il en irait ainsi, si l'on entend ces revendicateurs forcenés et médiocres de l'indépendance des chercheurs, de l'indépendance de la science, de l'avenir de la recherche fondamentale.

Il en irait ainsi, si on les écoute, de leur droit à organiser comme ils l'entendent leurs travaux, de leur droit à s'auto déterminer en quelque sorte, d'y allouer le temps qu'il faudra ou plutôt qu'il faudrait.

Ici, chapeau bas car on ne peut que respecter cette vocation qui durera toute une vie de labeur, où, souvent endormi sur une paillasse, le chercheur cherche car il pense, libre de toute influence. Ceci est bien évidemment une image idyllique et utopique qu'ils cherchent à véhiculer car les bureaux de ces travailleurs de force du labo font aussi de bons lieux de sieste, d'assoupissement, de réflexion et de méditation. Ils sont alors confrontés, ces chercheurs indépendants, ces révoltés perpétuels, ces remparts contre l'ignorance, à leur terrible choix de conscience d'indépendance dans la mission de chercheur telle qu'ils l'ont comprise et adaptée. Cette vocation, souvent cette crise aigue et douloureuse de vocation qui les a poussés dans cette carrière, face à un bec Bunsen qui, mort d'ennui et de guerre lasse a définitivement renoncé à attirer l'attention de « l'homme de science », les a convaincus de se rebeller contre l'ordre établi.

La science est en danger et ses soldats feront rempart de leurs corps effondrés dans un bureau minuscule attenant à un labo où depuis longtemps la créativité et l'objectivité ont déserté en courant, laissant la paillasse et le bec Bunsen à leur triste sort. En fait, « d'homme de science » il faudra se poser la question : en quoi le chercheur français est-il « différent » des autres chercheurs qui, de par le monde, mènent eux aussi, peut-être même surtout, il faut se rendre à l'évidence, des recherches de « qualité » visant à alimenter et donc à augmenter le stock de « connaissances de l'humanité » ?

On peut toujours vilipender les « classements » internationaux, les comparaisons « tendancieuses » qui même s'ils sont très discutables ne « nous » placent jamais, en France, et c'est une évidence, dans le peloton de tête. Ce stock de connaissances que nos soldats enseignants-chercheurs alimentent (pas tous) et que certains (pas automatiquement les meilleurs) veulent mettre à la disposition d'une communauté plutôt égocentrique avant de décider de la mettre, éventuellement, à la disposition du citoyen. Cette communauté est souvent formée de chercheurs et de chercheuses – car ici la parité est parfaitement respectée – dont le parcours académique n'est pas, loin s'en faut, celui que l'on imaginerait de la part de donneurs de leçons arrogants et souvent très lâches. Ces mots peuvent paraître particulièrement forts et souvent peut-être injustes, mais ils sont le reflet d'une dure réalité.

En effet, comme dans toute communauté, lorsque la notion de hiérarchie ne s'applique pas et que la limite n'existe plus, lorsque la sanction est plus que virtuelle, il apparait naturellement une frange plus ou moins large d'individus incompétents et frustrés qui commencent un processus de libération de toute forme d'autorité si tant est qu'elle ait existé. Il s'agit là d'une sorte d'émancipation des petits scientifiques, éternels apprentis chercheurs, des prétentieux enseignants universitaires par rapport à une tutelle impuissante qui a elle aussi renoncé à appliquer les sanctions souvent légitimes.

Il convient ici de rappeler que les universitaires de tous poils ne sont soumis à aucune autorité, que les « professeurs » d'université sont nommés et donc révoqués par le président de la République. Quel mot intéressant, mais qui ne couvre aucune réalité…

Il convient de plus de dire qu'il est rare de voir un professeur d'université licencié, renvoyé dans ses foyers, mis au banc de sa « communauté ». Celle-ci étant, comme on l'a vu, mal formée, jugée par ses pairs, aigrie, incapable de se remettre en question car non encadrée et donc non contrôlée.

En une phrase, longue mais bien pesée, est-il encore acceptable qu'une communauté de « fainéants associés à des à peine besogneux, aigris et médiocres » travailleurs (le mot n'est peut-être pas le mieux choisi) de la science dicte sa loi dans les laboratoires français et renvoie une image faussée des chercheurs qui cherchent et qui parfois, quant à eux, trouvent aussi !

Tranche de vie 3

Jacques-Henri, Maître de Conf.

L'Enseignement supérieur en France, la recherche et ses petits croisés.

« *Ils sont nos maux, ce sont des maux croisés…* »
Charles de Wassenaar

Il pleut encore abondamment aujourd'hui, il fait gris, triste, froid, humide, un temps à ne surtout pas prendre le risque de sortir lorsque l'on n'est pas tenu de le faire. Même si l'on doit en fin de compte sortir, ce genre de perturbations météorologiques vous incite à reporter ce qui n'est pas véritablement fondamental de réaliser justement ce jour. Un temps à ne pas sortir un enseignant non plus, même si ce dernier a le privilège, et l'on peut à juste titre se demander pourquoi, souvent très envié, d'enseigner dans le supérieur ! C'est un enseignant dit de haut niveau, un chercheur, un scientifique, une référence sur l'échelle des diplômes de la faculté.

Il pleuvait, et c'est une triste constatation et une encore plus triste consolation, aussi hier d'ailleurs, et il pleuvra certainement encore demain. Il n'y a aucune raison ni rationnelle ni scientifique ni même météorologique, encore moins philosophique que cela ne change car nous sommes en plein mois de février. De surcroît, nous nous trouvons dans une de nos belles régions de la France que l'on dit profonde sans savoir vraiment pourquoi, que comme d'habitude et bien évidemment le monde nous envie tout en ignorant complètement non seulement sa localisation exacte mais qui plus est ce que l'on peut bien espérer y faire. Cette préoccupation existentielle devient aujourd'hui obsessionnelle chez les chasseurs de culture occasionnelle et temporelle. Elle apparaît en fait comme une éruption périodique chez celui dont l'occupation principale, la raison d'être lorsqu'il enfile son habit de touriste cultivé et ce qui le hante à chaque moment, est celle d'un touriste *lambda* à la recherche de sensations artistiques, culturelles et parfois intellectuelles faisant monter le taux d'une sorte d'adrénaline métaphysique. Ces sensations sinon nouvelles s'avèrent être à tout le moins originales et racontables avec moult détails auprès de leurs congénères, eux aussi touristes culturels professionnels.

C'est le nouveau *motto* touristique, plus ou moins accaparant et quelquefois envahissant, que l'on soit français du nord, du sud ou d'ailleurs, que l'on soit belge, hollandais, chinois ou japonais.

Pour une fois donc, et elles sont rares ces occasions, personne n'ira demander à Claude Allègre si le réchauffement climatique n'est pas une vue de l'esprit d'écologistes volontairement attardés mentalement ou comme il le suggère très implicitement, victimes d'une mode qui consiste à se faire peur sans avoir les moyens de faire face à ce que l'on constate, à savoir la hausse des températures de notre planète. De toute façon, peu de spécialistes du G.I.E.C. et de croyants de ces religions nouvelles à base de réchauffements planétaires bio seront capables de se souvenir de ces petites « guéguerres » d'une grande inutilité, comme on en raffole, dans quelques centaines d'années. On peut donc tout dire et son contraire, n'importe quoi en fait, car on ne sera plus là pour le vérifier ! Ceci est cependant une lapalissade pour ce « brillant » ancien ministre et ami de trente ans de Lionel Jospin, qui ne dit pas automatiquement ce que tout le monde dit qu'il dit.
C'est ce qui fait son fond de commerce depuis un certain temps, réchauffement ou pas, démontré ou non, on parle de lui et cela est réconfortant car cela réchauffe son homme et alimente son compte en banque au travers des droits sur ses productions et conférences à défaut de réchauffer la planète, toujours selon lui ! En fait, aujourd'hui personne n'est capable de vérifier exactement ce qu'il dit et non pas ce qu'on lui fait dire et que l'on se garde bien de corroborer avec ce qu'il a effectivement dit et écrit ! Que l'on ne se méprenne point ici, je ne partage pas le scepticisme de Claude Allègre sur le réchauffement de notre planète, je remarque simplement qu'il ne dit pas que des bêtises et des énormités et qu'en le critiquant ou en le ridiculisant de nos jours systématiquement, on ne fait que lui donner une tribune qu'il ne mérite peut-être plus.

Celle-ci donc, la belle région française, n'a malheureusement rien à voir avec la côte d'azur ou bien plus encore la côte basque, réflexion que l'on a plaisir à prononcer surtout lorsque l'on habite ailleurs que sur lesdites côtes.

Il pleut donc très fort, à un point où il devient risqué d'envisager une petite promenade, communément appelée « promenade de santé ».

Et Jacques-Henri, notre héros d'un chapitre (un chapitre entier consacré à ce personnage suffira eu égard à son insignifiance) se pose, comme à son habitude de par son statut revendiqué d'intellectuel appointé par l'état tout puissant, des questions qui peuvent apparaître au premier abord métaphysiques. Ces questions sont d'une importance telle qu'elles semblent dépasser, en apparence, le commun des mortels que vous représentez, lecteurs, dans votre immense et écrasante majorité quoique vous en pensiez. En fait, ce questionnement qui touche aux fondements même de sa réflexion de base, à notre enseignant du supérieur, a tendance, et ceci de façon beaucoup plus forte et prégnante qu'il y a quelques années, à faire douter le héros des temps modernes qu'est Jacques-Henri.

Il doute car il ne doute point qu'il sait comment douter ! Il doute car il a appris constamment à douter sur les bancs de la faculté, sur les bancs usés de l'université, l'endroit privilégié érigé jadis en temple du savoir où l'on apprend à douter, et que douter fait donc logiquement partie de sa nature. C'est donc tout naturellement que cette nature, celle qui l'a poussé dans la voie dans laquelle il s'est embourbé aujourd'hui, soit d'humeur pluvieuse. Il s'y est embourbé, dans cette voie qui fut royale, qui fut et est encore largement respectée par ceux qui méconnaissent ces acteurs qui sont des fonctionnaires prétentieux, fainéants et médiocres dans une grande majorité. Des privilégiés grignoteurs des « croûtes des fromages de la république », « titulaires à vie », « inamovibles »,« invirables »,« incontrôlables », « incommandables ».

Il s'y est même fourvoyé pour le plus grand malheur, peut être pour le malheur tout simplement, de ceux qui subissent ses cours. Ceux-ci, ses cours supposés magistraux, sont invariablement plats, sans relief, sans passion, sans volonté de transmettre, ennuyeux à mourir, en résumé des cours nuls et creux qui lui font, à lui aussi, il était temps, se poser des questions car ne l'oublions pas, il a appris à douter !

Pour être honnête donc, il en arrive à se poser aujourd'hui cette question d'une grande importance pour l'avenir de l'enseignement supérieur en France, à savoir s'il est judicieux et même prudent, confronté à de telles conditions climatiques défavorables, d'assurer, ce jour, son cours d'enseignant du supérieur dans cette petite université de province. Elle est petite, mais elle est tout à fait dynamique et ambitieuse, cette université d'une de nos belles régions françaises. De fait, elle est à l'image de son élu du terroir, le cumulard sénateur-maire, conseiller général, président de la communauté de communes. Il se bat, notre élu, depuis des années pour attirer les étudiants du monde entier dans ce qu'il voudrait être un chef-lieu réputé de la science, de la recherche de haut niveau et de l'enseignement. Il rêve en secret d'une place dans le classement de Shanghaï, car il en a entendu parler de ce fameux classement des temples de l'enseignement et de la recherche ; il a lu les articles assassins à propos de ces universités parisiennes incapables d'y figurer en bonne place, c'est-à-dire avant la quarantième, les malheureuses.
Elle a longtemps œuvré et espéré, aussi, cette petite université de province et a finalement obtenu son autonomie, comme les autres, les prestigieuses, les grandes, les moyennes et toutes les petites qui l'ont obtenue avant elle.

Cet élu, inamovible héritier d'une dynastie dont la France a le secret, à savoir les élus des familles qui se transmettent de génération en génération des fauteuils de sénateurs, députés, maires, adjoints, conseillers généraux, conseillers régionaux.

Un élu qui, comme beaucoup avant lui, a « tué » le père ou le beau-père pour lui prendre son trône après lui avoir pris sa fille ou sa place dans l'exploitation, est fils et petit-fils d'agriculteurs méritants. Il y a aussi des rejetons de notaires, d'huissiers, d'avocats, de médecins…

Fils et petit-fils d'élu, filiation directe ou héritage par mariage ou par accident dont à aucun moment ni lui ni ses électeurs ne se posent la question de savoir si le siège d'édile ne pourrait pas aller à quelqu'un d'autre, que ce soit un notable ou bien un nouveau venu dans la commune, une sorte « d'étranger local » depuis peu.

Finalement, personne n'a osé ni même pensé ou évoqué l'idée de le remettre en question. « On a notre dynastie, on la garde, on y tient, c'est notre terroir, c'est notre France à nous, on a nos valeurs, Monsieur ! » Ils doivent avoir cela dans le sang, ces personnages bénis des dieux du terroir ; l'ADN d'un élu est tout à fait spécifique et par définition, puisque c'est de l'ADN, automatiquement car naturellement transmissible à ses descendants. « Tu seras maire mon fils ou député ou sénateur, enfin, dans tous les cas tu seras un élu, un vrai, pas un parachuté ; ce territoire appartient à ta famille c'est l'aristocratie des collectivités locales. Que tu sois compétent, honnête, visionnaire ou pas ce n'est certainement pas la question, c'est ainsi ! »
C'est aussi un véritable autodidacte, notre édile, qui en tire une très grande fierté dont il ne se prive point de se targuer. Il ferait venir des extra-terrestres sur les bancs flambant neufs de sa « chose », son université, s'il le pouvait. C'est plus que son enfant ce véritable temple du savoir régional et il compte bien sur sa réputation et celle de la commune qu'il représente et qui d'après lui, et les associations inutiles et multiples qu'il arrose, comme avant lui ses ancêtres l'ont fait, n'est plus à faire.

C'est qu'il y croit dur comme fer, notre élu du cru en sa faculté du terroir, et il pense, l'inconscient, que ces brillants chercheurs du public qui enseignent et cherchent, car ils doivent chercher puisqu'ils sont chercheurs, dans sa petite université, sont là pour assurer l'aura nécessaire à ses ambitions démesurées.

Ce cours de Jacques-Henri, donc, qui dure habituellement deux longues heures, deux très longues heures, interminables, inintéressantes pour lui mais aussi, et c'est ici que cela devrait être le plus important, le nœud du questionnement et de sa réflexion, pour ses étudiants. Ce cours qu'il assure, contraint et forcé, n'a-t-il pas solennellement signé son contrat à durée indéterminée, c'est-à-dire au-delà même des ambitions gouvernementales en matière de retraite, avec le Ministère de la recherche et de l'enseignement supérieur, qu'il assure donc ou plutôt qu'il va s'empresser d'ânonner tant bien que mal ou plutôt laborieusement ?

Il va le dispenser ce cours sans avoir jamais reçu aucune formation ni d'ailleurs, et c'est peut-être aussi là l'aspect lamentable de la chose et de sa petite personne, n'en avoir jamais demandé une. Cela étant, même s'il avait demandé quelque chose, il n'aurait eu aucune réponse car on ne forme pas les professeurs de l'enseignement supérieur dans notre beau pays rempli de terroirs plus accueillants les uns que les autres ! Ces terroirs où la démocratie n'existe que dans les urnes depuis longtemps formatées pour ne produire que les mêmes noms issus des mêmes familles.

Il n'existe aucun cursus équivalent à une école Normale qui formerait ces « super maîtres » de la faculté, rien n'est prévu pour accompagner ces novices à parler devant un amphithéâtre de cinq cents personnes ou dans une salle de travaux dirigés (T.D.) de vingt étudiants.
Ces *sachants*, par définition, puisque comme tous ses congénères ils ont signé un contrat avec leur ministère de tutelle et qu'ils se doivent maintenant d'assumer leur statut et d'assurer leur enseignement, sont donc lâchés du jour au lendemain dans la nature ou plutôt dans les amphis pour dispenser leur « savoir ».

Jacques-Henri fait ou plutôt se force à faire quant à lui ses heures de cours, mais il les fait sans aucune motivation, sans aucune évolution, sans aucune originalité, sans aucune conviction, sans aucune passion. Il les fait sans aucun désir de les assurer et ceci à un rythme hebdomadaire que l'on pourrait, si l'on osait un peu, qualifier de sénateur. Le fait qu'il ait été nommé maître de conférences, c'est le titre ronflant qu'ils arborent, nos enseignants chercheurs du supérieur, dans une petite université de province, loin des capitales historiques et reconnues du savoir académique français, n'a aucune espèce d'importance sur la qualité de ses cours et sur ses émoluments.

Jacques-Henri est un mauvais enseignant, un piètre professeur, un pédagogue nul, un point c'est tout ! S'il avait été nommé à Paris ou dans une grande ville de province aux universités multiséculaires et prestigieuses, il n'aurait rien changé à sa manière d'enseigner ou de professer.

Il n'a jamais reçu ni demandé, comme on l'a déjà écrit plus haut, quelque formation ou information que ce soit pour se préparer à cette dure mission. Cet enseignement doit pourtant se faire au cours de ce semestre, et uniquement pendant ce semestre. La sacro-sainte année universitaire étant partagée en deux semestres dont le nombre de mois est loin de la définition précise que l'on serait en droit d'attendre dans les temples dédiés au savoir, du dictionnaire, puisque le semestre universitaire doit tourner autour des quatre mois grand maximum. Ces quatre mois incluant bien évidemment les multiples grèves et annulations des cours car même si ce n'est pas écrit noir sur blanc dans son contrat, notre enseignant-chercheur fera grève au moins un ou deux mois par an, c'est la règle. On est universitaire français, intellectuel de haut vol ou on ne l'est pas !

Les emplois du temps de la fonction publique sont un exercice de haute voltige qui nécessite la mise à disposition de logiciels très coûteux, complètement dépassés, et d'une capacité de calcul à faire pâlir d'envie les ingénieurs de Météo France. Celui-ci, et tout particulièrement dans le saint des saints qu'est l'enseignement supérieur, s'avère être un exercice qui va monopoliser malheureusement une trop grande partie des pauvres ressources disponibles à l'université. Et lorsque l'on fait les emplois du temps on ne fait rien d'autre, ce qui veut dire que l'on ne gère plus le quotidien, la logistique, les problèmes des étudiants, l'accessibilité au savoir, les moyens affectés aux laboratoires, la réfection des locaux, la revalorisation des carrières des vrais enseignants chercheurs, oui il en existe, *etc.*

    On pourra reparler, avec plaisir et délectation, une autre fois, de cette caste très particulière des administratifs français de l'enseignement supérieur que, j'en suis convaincu et on le serait à moins, le monde est loin de nous envier, et on peut facilement les comprendre, ces heureux non hexagonaux.
    Cet enseignement qui, pour la démonstration du propos, se fait, dans le cas spécifique qui va nous occuper ou plutôt qui va malheureusement nous préoccuper, devant un amphithéâtre d'étudiants de deuxième année de licence de physique, le fameux L du non moins fameux L.M.D. pour : licence, master, doctorat.
    Attardons-nous donc un petit moment sur son auditoire à notre Maître de Conférences plus ou moins désabusé.
Celui-ci est, de façon récurrente et affligeante, composé d'individus prépubères pour certains, pubères pour la majorité, majorité qu'ils ont atteinte en cours d'année, on parle ici de majorité civile et non pas de majorité ou de maturité intellectuelle que leur statut d'étudiant à la faculté serait en droit d'exiger d'eux, et postpubères pour d'autres encore. Ces individus sont, au-delà de leur appartenance à l'auditoire du cours magistral de Jacques-Henri, des êtres irresponsables et ceci dans leur écrasante majorité. Ces épris de connaissance qui s'ignorent sont comme à leur habitude, et de manière prévisible, particulièrement endormis, loin d'être motivés, parfaits ignorants, impolis, et pour la plupart systématiquement – pour ne pas dire maladivement – en retard. Ce sont aussi, quoique l'on puisse trouver à redire, de véritables adolescents attardés, arrogants, sales et malodorants. Ils sont l'élite autoproclamée des

petits crétins et des petites crétines patentés, la parité à ce niveau-là n'ayant besoin d'aucune intervention intempestive extérieure législative ou incitative dans une imposition de quotas imbéciles.

La crétinerie virale, unisexe, allant souvent de pair avec une suffisance affichée dont le comique le dispute à la désolation ! La différence entre le demeuré étudiant et l'étudiant qui souhaite s'instruire est en fait soudainement révélée. Car, lorsque l'on pose un regard intéressé sur cette faune, malheureusement en voie de non disparition de nos villes, elle se révèle comme se révèlerait la chienlit dans nos jardins. Elle apparaît et ceci de manière flagrante comme se positionnant entre le prépubère et le pubère. On peut la rencontrer le plus facilement possible, car les universités ne sont que l'extension de son territoire de terminale, et l'observer à loisir à la sortie du lycée, lieu mythique de concentration au-delà de la taille critique de crétins patentés atrophiés du bulbe. Elle n'est pas particulièrement farouche et l'observation devient alors chose aisée.

L'observateur, l'homme de science, le vrai, pas l'enseignant-chercheur de série B, l'explorateur des temps modernes, qui a pour mission d'étudier cette espèce ne doit cependant à aucun moment relâcher sa vigilance car le vrai visage, pour le moins sauvage du crétin, sommeille profondément en lui et pourrait à la faveur d'événements extérieurs tout à fait imprévisibles s'emparer de sa personnalité. Lorsque je parle de personnalité, je veux évidemment donner un nom à son comportement sans imaginer un seul instant apporter un semblant d'humanité à ces individus.

Le crétin des villes est pour ainsi dire remarquable même si le mot est un peu fort et aussi facilement repérable et identifiable dans la jungle de nos cités. On peut le distinguer de l'adolescent *lambda* que l'on aimerait croiser peut-être plus fréquemment car il présente certaines différences parfaitement identifiables, même pour le chercheur amateur. Si l'on prend en effet le temps de l'observer attentivement sans toutefois éveiller sa curiosité, en liberté, il apparaît comme étant négligé, juste ce qu'il faut, fumant très souvent un ersatz de cigarette, un *simili* joint ou plutôt un « mâchouillis » infâme. Cette masse informe et repoussante, dégoulinante de salive d'handicapé comportemental émerge d'une bouche ou plutôt d'un orifice buccal à tout point semblable à ses congénères, les ados non crétinisés. Dans ce trou béant où la brosse à dents a baissé depuis longtemps ses petits bras ou plutôt ses petits poils, semble-t-il, devant le travail à effectuer, on aperçoit des dents jaunes et blanches et il en sort une haleine fétide caractéristique. Il a lui-même préparé sa cigarette, sa clope, son joint, le crétin des villes, dont le moindre SDF aveugle et ayant perdu l'odorat ne voudrait pas. Il s'est appliqué, il a appris auprès de ses aînés crétins modèles dès son apprentissage en tant que souffre douleurs des « grands » lorsqu'il s'est retrouvé pauvre petit nain de sixième plongé dans l'univers impitoyable de la cour de récré. C'est aussi un véritable manuel avec ses tout petits doigts boudinés et crasseux, ses ongles en deuil, qui n'ont pas souvent vu le savon du lavabo lorsqu'il a fini de se soulager dans ledit lavabo. Il arbore fièrement et automatiquement un caleçon de couleur et de marque quand ses parents, ces bâtards de bourgeois, en ont les moyens.

Ce sous-vêtement visible, équipement indispensable au héros des cours et des toilettes des petits, doit être apparent juste ce qu'il faut ; c'est beaucoup plus cool et il est comme on pourrait le redouter très souvent d'une propreté douteuse.

On est un rebelle où on ne l'est pas.

Cette condition s'assume et le prix à payer est élevé, surtout pour ceux qui l'entourent, mais cela, il le découvrira lorsqu'il se sera reproduit car malheureusement il se reproduit souvent à l'identique. Ses cheveux sont d'une manière générale légèrement ou carrément négligés car le rebelle des résidences bourgeoises se couche tard, se lève tard et n'a pas le temps entre deux clopes dégueulasses de se présenter « bien propre sur lui ». En aucun cas il n'affichera le look de ces bouffons de fils à maman non émancipés.

Pas plus qu'il ne s'identifiera à ces nains post-école primaire qui sont encore élevés au sein de leurs mères cadres dynamiques qui adorent embrasser leurs garçons devant leurs camarades, *Pouah* ! Quelle horreur.

Lesdites mères de « fifils à maman » n'ont d'ailleurs pas encore compris que quoi qu'elles fassent, les malheureuses, elles seront toujours des vieilles pétasses, des bourgeoises dépassées et ringardes. Elles ne pourront jamais avoir le look jeune des copines des crétins des villes à savoir les petites crétines qui badent devant leurs Justin Bieber de quartier ou plutôt de bahut. De plus, leur génération, à ces mères décalées qui deviendront les meilleures copines de leurs « fifilles », n'a rien compris à l'émancipation rêvée de leurs marmots à savoir « me fous pas la honte en m'embrassant et va garer ta Twingo ou ton Audi décapotable de bourgeoise décolorée à l'angle de la rue ! »

Pour en revenir, donc, à notre rebelle des cours de récré, il porte un jean bien trop large, sans ceinture et des baskets aux lacets défaits. Le crétin ne peut pas faire ses lacets, non pas qu'il refuse de les faire, mais il ne sait pas ou plus comment faire. Et puis dans tous les cas, c'est beaucoup plus cool car le rebelle qui somnole ou plutôt qui cuve bruyamment sa Red Bull en accompagnant toutes ses fins de phrases minables d'un rot à la hauteur de son Q.I. est contre toute oppression et contre toute contrainte. On parle ici de tout ce qui le concerne et en aucun cas de ce qu'il impose aux autres car le crétin ne voit que sa petite personne et n'imagine pas un seul instant être une plaie pour son entourage et une honte pour ses parents, ses grands-parents, ses sœurs, frères et cousins, et même ses voisins.

Au niveau coiffure, il conviendra de remarquer l'uniformité affligeante des pré-pubères et pubères, on dirait des clones ou des Playmobil ! En fait, si l'on excepte ceux qui arrivent les cheveux en pétard, le top du top, car ils se sont réveillés trop tard, c'est le signe d'un individu très en avance sur le cycle de vie du post nain de cours de récréation patenté, le crétin a les cheveux assez longs pour en faire une mèche passée au gel. Celle-ci sera ramenée sur le côté dissimulant si possible un de ses deux yeux dont l'intensité n'a rien à envier au taureau en rut devant une vache laitière.

La crétine portera quant à elle les cheveux assez longs et plutôt fillasses pour permettre de dissimuler avec quelques mèches bien peignées sa moue de dégoût par rapport à tout ce qui ne s'apparente pas aux chansons à texte de Justin. De plus, elle porte un jean serré, un petit pull de couleur sombre et des chaussures avec des talons qui vont en grandissant en fonction de son entrée dans la puberté, étape synonyme d'âge adulte et tellement recherchée par l'espèce crétine. Elle se tient bien droite, très souvent aux bras de sa meilleure amie, sa confidente, celle qui écoute ses secrets de crétine. Celle qui peut tout entendre et en particulier la difficulté à assumer ses parents débiles, celle qui secrètement est amoureuse du même garçon mais qui ne peut pas déclarer sa propre flamme car l'amitié, c'est sacré chez les filles, c'est pour la vie et quand on est une crétine, ce sera long, spécialement encore une fois pour les autres.

Celle qui peut aussi écouter son attirance, son amour pour le troisième 4, celui qui a un caleçon Calvin Klein, blond, grand, élancé, cool, le pré-pubère pas le caleçon, qui prépare ses clopes, celui qui a une guitare avec une ou plusieurs cordes cassées, c'est pour cela qu'il ne peut plus donner de concerts aux gnomes du collège et du lycée, celui qui a pratiqué tous les sports à haut niveau mais qui est blasé d'avoir tout fait et tout réussi, celui que l'on veut avoir dans son équipe, celui qui est toujours trop fatigué car sa vie est tellement intense, celui dont le père est médecin mais qui refuse cette réussite de bourgeois et qui veut faire sa vie à La Baule ou à Courchevel, pour cracher à la face du monde son désir de rejet de cet argent facile.

C'est le rebelle que tous les lycées supportent avec de plus en plus de difficultés, mais ses parents sont des notables influents, dont ils voudraient se débarrasser en l'envoyant dans une bonne vieille maison de correction si elles existaient encore – nostalgie quand tu nous tiens – celui que l'on s'arrache dans les soirées pré-lycée, celui que l'on voudrait, en tant que crétine ou copine de crétine avoir à son bras pour épater ses copines, toutes des connes encore mal réglées. Il ne peut pas ne pas tripoter discrètement mais suffisamment sa conquête, pour que l'on puisse lui reconnaître ce courage de dire « merde » à la société qui l'a vomi, plus qu'il n'est capable de la vomir en lui susurrant des couplets inoubliables à faire se retourner le poète dans sa tombe. Celui-là, comme tous ses congénères, lorsque l'on parvient par chance et au travers d'une approche discrète en essayant de se fondre dans leur environnement naturel, à les approcher et à entendre ce qu'il leur bave d'une profondeur abyssale dans la trompe d'Eustache, est assez peu farouche. On pourrait les résumer, ses déclarations insipides, en quelques mots plats, nuls à chier, concentrés autour de cette société pourrie dans laquelle le crétin n'a pas demandé à vivre et où il est contraint et forcé, par ses parents, ses géniteurs, des bourgeois cons et dépassés, d'évoluer.

Mais ce qui va faire sa différence c'est justement qu'il est convaincu qu'il est différent !

Cette conviction c'est ce qui le guide, ce qui l'aide à vivre et à encore accepter de ne pas uriner contre la porte de la chambre de sa petite sœur.
Il ne sait pas véritablement pourquoi ni quand, mais son heure va certainement sonner, encore faudra-t-il qu'il l'entende à défaut d'écouter ; et sa philosophie revendiquée et affichée des pissotières de bahut va finir par s'imposer, c'est inéluctable.

Le crétin mâle, la femelle étant plus réservée en général, est prêt à changer cette « société de oufs », à la culbuter s'il le faut car il en a assez ! Il est le citoyen auto-déclaré d'un monde nouveau, un véritable petit rebelle en Dolce & Gabbana, un anti-société qui revendique sa différence en volant de l'argent à ses parents. Il en vole d'ailleurs aussi à son petit frère et à sa petite sœur dont les tirelires ont été fracassées par ses petits poings toujours aussi sales et déterminés de révolutionnaire des cités résidentielles et des beaux quartiers. C'est le Che Guevara des chiottes des collèges et lycées, le Ben Laden des sixièmes, la terreur des mouches à merde en culottes courtes, c'est tellement plus facile de s'imposer face aux nains de l'école, et surtout beaucoup moins risqué. Parce qu'en fait, le crétin est lâche, si lâche qu'il pourrait s'en prendre aux nains des nains de CM1 et CM2 si on ne le retenait pas et si des grilles ne séparaient pas son territoire de la cour du primaire. S'il le pouvait, il irait haranguer les classes dans les cours de maternelles, il pourrait leur montrer à ces nabots à peine sevrés ce que c'est qu'un grand, ce que c'est qu'un crétin assumé. Personne ne le sait, il ne sait même pas s'il le sait lui-même, qu'importe car il est une vérité qu'il veut nous asséner, tous les demeurés bourgeois que nous sommes doivent se méfier car le Zorro des cours de récré est arrivé. Le Goldorak nouveau au Calvin Klein apparent et souillé a atterri dans notre cité de « bouseux bourgeois » ordinaires, les « bou bou », et ça va saigner, le monde va trembler. Si Daniel Balavoine les voyait, et les entendait surtout, il serait obligé de remixer ses textes de chansons pour ne pas apparaître comme sortis de la bibliothèque rose. Le monde tremble déjà à leur vue, mais il tremble de rire devant ces pauvres biquets, de sourires gênés, de mimiques désolées, de compassion réelle, de souvenirs douloureux.

La question que l'on se pose, en tant qu'adultes plus ou moins responsables largement post-pubères au regard de l'état civil, de bourgeois pépères pour la plupart, inévitablement en les regardant, c'est de savoir si l'on avait l'air aussi cons à cet âge-là.

Disait-on véritablement autant de bêtises, de conneries affligeantes et de platitudes en un espace de temps aussi réduit ? Est-ce que tout le monde nous voyait, nous jugeait, nous, les post-ados des années facs ?

Notre coiffure de l'époque était-elle aussi ridicule et ringarde, copiée-collée de celles de tous nos camarades, nos congénères, nos cons de copains ? Faisait-on partie de l'espèce des crétins ?

A la réflexion j'ai bien peur que la réponse soit tout à fait positive. On était tous des petits cons arrogants et prétentieux et cela se voyait comme le nez au milieu de la figure. On était aussi cons que ces crétins là, peut-être plus peut-être moins, mais cela se valait. Chez certains, avec l'âge, comme le nez et les oreilles ont tendance à s'allonger, cela se voit encore plus et ils ne l'ont toujours pas remarqué, peut-être parce que l'on n'ose plus le leur dire. A quoi bon d'ailleurs, changeraient-ils pour autant ?

ET de toute façon, tout le monde s'en fout.

Ils se reconnaîtront tous sans exception dans cette description, de même que ceux qui les côtoient ou les subissent aussi, j'en suis persuadé. Quant à leurs géniteurs, ils les reconnaîtront aussi malheureusement car ils se sont trop souvent retrouvés en première ligne et la honte qui est la leur est à la hauteur de leur impuissance face à cette étape obligatoire que le petit crétin doit passer ou plutôt subir quand il le pourra. Quand je dis « subir » je veux aussi dire que l'entourage devra subir cette période pénible.

Les parents ont souvent eux aussi été ces cons crétins patentés, mais plus de vingt ans ont passé.
Maintenant qu'ils se sont reproduits, entre eux le plus souvent, après avoir posé leur fessier sur les bancs de la faculté, leur crétinerie de l'époque, qu'ils avaient goûtée avec la délectation du lézard attardé se prélassant sur un mur chauffé au soleil de leurs étés endiablés, leur revient en pleine figure. Ils étaient pourtant si fiers de leur progéniture fraîchement sortie, poussée ou tombée du nid ! Ici, la règle tacite est qu'aucune règle ne peut s'imposer. On est con ou crétin, on a l'air crétin, mais comme on est crétin on ne sait pas que les autres nous perçoivent et nous prennent pour des crétins. Ils aspirent, ces crétins non encore diplômés de la faculté

avec un petit « f », dans leur immense majorité, et ceci inconsciemment, à une promotion, qu'ils obtiendront automatiquement, sans aucun effort particulier, vers le statut peu envié de petits cons, ou de petites connes, pleinement engagés sur la route du pauvre con ou de la pauvre conne qu'ils deviendront bientôt irrémédiablement. En fait, et ils ne s'en doutent pas le moins du monde, cela ne peut pas les effleurer, ils resteront cons jusqu'à leur mort, ce sera une mort dont tout le monde se fout et se foutra comme de l'an quarante. Ils auront alors atteint le nirvana de la connerie avec l'état de vieux con si décrié et pourtant si envié, recherché et parfois revendiqué !

Ils sont donc, pour en revenir à notre amphithéâtre de tous les savoirs, physiquement présents ces irresponsables et ils n'écoutent pas, bref ils s'en foutent complètement et ceci pour rester dans le convivial. Le verbe « moquer » à cet endroit du texte convient bien car il est non vulgaire alors qu'une autre expression plus populaire et beaucoup plus tranchante et imagée s'appliquerait beaucoup mieux ! Il est vrai, et on pourrait éventuellement le mettre à leur décharge, mais à quoi bon, que les cours dits magistraux, puisque c'est encore le terme adéquat, que notre héros d'un chapitre, Jacques-Henri, dispense ou plutôt délivre comme une pizza froide, ne sont pas les plus courus de la faculté, loin s'en faut et encore moins de l'université, fût-elle de province.

Dans la réalité de leur quotidien misérable, tant au niveau intellectuel que physiologique, Jacques-Henri leur diffuse des éléments de sa spécialité de mécanique des fluides. La « méca flu », pour avoir le sentiment d'être au fait de la matière, ne fait pas aujourd'hui vraiment rêver ces demeurés inscrits à la faculté et avachis, pour la plupart, aux derniers rangs dans ce grand amphithéâtre. S'il y avait un rang derrière les derniers rangs, ces encéphalogrammes semi-plats et atrophiés du bulbe, ces véritables *lazzy bones* patentés s'y vautreraient volontiers et avec une grande délectation de surcroît. On est rebelle ou on ne l'est pas et cela se travaille, c'est bien là la seule référence au mot dans la description que l'on fera d'eux ; et cela se mérite.

D'ailleurs, ils ont garé comme à leur habitude, faisant exception, une fois de plus, à la règle qu'ils se sont imposée de toujours refuser la routine et l'ordre établi, leurs vieilles voitures ou vieilles caisses qu'ils ont plaisir à conduire, dans l'enceinte de l'université pas loin de l'amphithéâtre de leurs exploits. Ils éprouvent aussi un véritable plaisir, une sorte de jouissance intellectuelle intense (ici aussi la référence à l'intellect n'est pas automatiquement des plus heureuses lorsque l'on pense à ces Q.I. négatifs) et non simulée à se parquer sur les quelques rares places prévues à cet effet, mais aussi sur les emplacements réservés aux livraisons et celles absolument réservées aux handicapés, surtout sur celles-ci d'ailleurs. Il ne saurait y avoir de privilèges de quelque nature que ce soit à l'université, s'il le faut ce sera un combat voire une bataille de plus gagnée à mettre à l'actif de leur croisade contre l'ordre établi. Ces quelques rares places handicapées qui sont clairement identifiées ne sauraient donc donner un passe-droit quant au stationnement. L'égalité des chances à l'université est un combat juste qui se poursuit depuis des lustres, qu'ils ont fait leur. C'est bien la seule chose qu'ils aient décidé de poursuivre assidûment d'ailleurs, et il est clair que nul ne peut ignorer son existence et sa légitimité. Il n'y a pas d'exception qui soit ici recevable en l'état.

On ne doit tolérer aucun privilège, et être handicapé n'est certainement pas une raison suffisante pour jouir d'avantages indus et inégalitaires non démocratiquement entérinés par les instances de décision, et en particulier l'assemblée générale (A.G.) du comité de lutte contre les discriminations sociétales et positives au sein de l'université fascisante de pouvoirs politiques en place, illégalement élus à la solde du grand capital.

Ils ont le sentiment qu'ils ont une connaissance suffisante de ces instances, de ces nébuleuses sans véritablement comprendre la portée de leurs discours misérables car la crétinerie, anti chambre de la connerie, se pratique à plusieurs car la somme de leurs Q.I. atteint rarement la barre fatidique des 100, sauf lorsque le groupe révolutionnaire, une sorte de cellule active dépasse les cinq individus.

Ils en sont fiers de leur poubelle sur quatre roues usées, avec des poignées comme les aurait décrites Coluche ; ils arborent aussi un « A » rouge sur fond blanc apposé sur la lunette arrière. Ce signe distinctif, qui de fait signale souvent et injustement la présence d'un attardé et d'un danger au volant, incontrôlable, d'une chicane mobile ou d'un obstacle en mouvement aléatoire et non contrôlé, est bien évidemment fabriqué de manière artisanale ou encore mieux, il est mal collé ou bien de travers ou à l'envers, c'est beaucoup plus cool. Cela donne le sentiment que l'on a affaire à un pauvre étudiant fauché, car l'apprenant le plus con et le plus remuant n'a pas un sou ni en poche ni sur son compte. Par définition, c'est le cool des campus comme on avait, en son temps, le cool des cours de récré. N'oublions pas que c'est un vrai contestataire, viscéralement opposé à tout ce qui ne vient pas des cons de son espèce. Ce « A » qu'il affiche donc fièrement est tout à fait approprié car il représente l'aspect privatif de toute intelligence mais aussi sans aucune référence, apolitique, agnostique, anarchiste. Indiquer « PCI », « petit crétin » ou « petit con irresponsable » paraîtrait pourtant plus judicieux et près, très près, beaucoup plus près de la réalité.

Mais une étude approfondie menée par des enseignants chercheurs appointés serait nécessaire pour évaluer le niveau de connerie au volant du petit con étudiant par rapport au petit con bac- moins huit de nos merveilleuses villes ouvertes à la discrimination positive. Qui n'a pas côtoyé ces voitures, ces caisses bringuebalantes, cracheuses de fumées noirâtres dont notre malheureux environnement se repaît. Elles sont remplies comme un œuf de petits cons et de petites connes rigolards, rentrant joyeusement d'une journée harassante de *sitting* à la fac, brûlant les priorités, roulant trop vite, se garant n'importe comment et n'importe où. De vrais petits rebelles en uniforme de parfait étudiant post-lycéen, authentiques contestataires courageux – ils en sont convaincus – d'une société qu'ils rejettent, hurlant leur joie d'exister à la face des bouffons nantis qui n'ont rien compris à la vie qu'eux, par contre, ont parfaitement intégrée. Il est vrai que glander en *sitting* fatiguerait le plus endurci des PCI de nos belles villes. A la campagne, ils sévissent aussi mais le public local, beaucoup moins averti, des bovins et des ovins comme le chante Kamini, n'est guère sensible à ces hordes braillardes à bord de leurs engins pétaradants.

Pour revenir une nouvelle fois à notre cours magistral expédié indignement par notre héros au grade de maître de conférences, les plus attentifs (et il y en a, même s'ils ne sont pas légion) se sont regroupés au premier rang ou au milieu de l'amphithéâtre comme pour se protéger de la contamination par la propagation du virus de la connerie. Ils ont véritablement un objectif qui semble tout à fait original *i.e.* envie de réussir leur année car ils ont choisi cette voie, certains y ont aussi été plus ou moins contraints, soit par obligation de résultat dite « obligation morale parentale », soit car ils se sont faits éjecter d'établissements plus ou moins prestigieux ; mais ils ont tout de même décidé de faire ce qu'il fallait pour avoir leur année.

Apparemment, c'est une tare que de vouloir se comporter calmement et sérieusement à la fac en France. Le virus n'a pas encore réussi à pénétrer leur cerveau, il essaye de toute sa virulence pourtant le malfaisant, et il n'a pas vraiment de mérite car sa concentration est très forte dans ce temple du savoir.
Le milieu est en effet excessivement réceptif, et si l'on reste ne serait-ce que quelques instants dans ces endroits qui forment

officiellement aussi l'élite intellectuelle de la nation, on peut observer ou plutôt déplorer les ravages qu'il peut provoquer car ses effets sont dévastateurs.

Et ces cours de notre enseignant, qui n'en a que le titre et aucunement l'envie ni la formation, du supérieur titulaire donc, même s'ils ont un caractère obligatoire au sein de cette dite licence, première étape du L.M.D. sont pour le moins désertés. De toute façon, il n'y a jamais eu véritablement de contrôle de présence et les examens partiels ou finaux peuvent parfois ressembler à une loterie à laquelle il suffit de croire pour pouvoir éventuellement décrocher une note acceptable synonyme d'obtention de l'unité de valeur (U.V.).

Une nouvelle technique cependant a commencé à faire son apparition depuis très peu de temps pour augmenter les chances de réussite de son année universitaire, et ceci uniquement dans certains établissements plus ou moins réputés qu'ils soient localisés en province ou en métropole d'ailleurs. Cette nouvelle technique consiste à bloquer la faculté au deuxième trimestre (en fait au milieu du premier semestre) juste après les vacances bien méritées de noël car dans ces établissements qui commencent à être connus dans ce domaine de compétences d'un genre nouveau, bloquer c'est avoir l'espoir d'obtenir son année souvent automatiquement !

Quelle fierté pour les porteurs du virus, car la pandémie les a touchés de plein fouet et aucun vaccin n'est envisageable ni même souhaitable. En fait on pourrait le comparer au virus de l'arrogance qui lorsqu'il vous a contaminé reste en vous jusqu'à votre dernier jour et au-delà car la réputation est éternelle. Ils font d'une pierre au moins deux coups puisque l'on parlera plus tard des dégradations. Ils ont obtenu leur année universitaire donc et ils ont gagné une bataille, la bataille que l'on devrait tous mener, à savoir refuser l'entrée du capitalisme dans les temples du savoir. Les pauvres inconscients n'imaginant pas une seule seconde qu'en fait de soldats valeureux, ils ne sont que les oies dégénérées d'un Capitole en piteux état.

Au niveau des obligations, pour revenir à cette notion quant aux cours magistraux dispensés, elle ne s'appliquerait théoriquement qu'aux éléments enseignés, dispensés, car à la fac il est bien connu qu'il ne peut y en avoir aucune d'obligation. C'est d'ailleurs cela qui a fait et continue à faire son charme ou plutôt sa spécificité, sa raison d'être au travers de la dispense de savoirs, parfois de savoir-faire, d'enseignements par des *sachants* vers des « apprenants ».

Jacques-Henri est donc un *sachant*, il était important de le souligner, même si le fossé est grand entre celui qui sait, croit savoir, prétend savoir, et celui qui sait comment transmettre ce qu'il sait véritablement.

On touche là un point très sensible dans la conviction qu'ont les enseignants du supérieur de savoir et donc du savoir enseigner ! Ils n'ont jamais appris à apprendre mais ils sont les docteurs de l'université, le plus haut grade qu'elle puisse attribuer, une reconnaissance en quelque sorte envers une élite auto proclamée. Ils savent tout, apparemment, et ils en sont non seulement convaincus mais en plus leur arrogance et leur morve inciteraient au respect.
Les petits cons et les petites connes qui baillent aux corneilles étant de ce fait logiquement des « apprenants » potentiels plutôt des « petits branleurs » et des « petites branleuses » en formation universitaire plus ou moins courte qui ouvre sur des perspectives plus ou moins limitées. Lesdits apprenants, cherchant en s'abreuvant de paroles des professeurs de la république nourricière intellectuellement, à accumuler non pas des connaissances mais, de façon beaucoup plus prosaïque, un ensemble d'unités de valeur (U.V.),comme on l'a vu plus haut, ou d'unités souvent appelées « compteur ». Ce sont ces précieuses U.V. qui vont permettre d'obtenir le sésame de l'université à savoir l'un des nombreux diplômes qu'elle dispense ou qu'elle donne ou abandonne lâchement, penaude, il faudra d'ailleurs s'arrêter un jour sur cette

notion de « don ». On peut aussi leur attribuer d'autres dénominations si vraiment on le souhaite, les U.V. « magiques », quelquefois « fantômes », par exemple. De façon très anecdotique, ces apprenants plus ou moins studieux, plus ou moins motivés, plus ou moins mâtures viendront y chercher un parchemin qui leur ouvrira certaines portes. Les contours de ces portes sont assez flous car elles débouchent sur des voies souvent sans issue dans certaines filières débordées non par le manque de qualité de certains enseignements, mais par l'apparente facilité à obtenir un diplôme dont la valeur est inversement proportionnelle au nombre de candidats et de diplômés. Le fait qu'ils croient à une quelconque valeur sur le marché de l'emploi de ce diplôme d'université n'est pas automatique.

Il convient ici évidemment de différencier dans notre beau pays, les universités qui délivrent des diplômes dans le domaine médical et juridique de celles qui délivrent les autres diplômes, tous les autres diplômes. Car obtenir son doctorat de médecine de la faculté X ou Y, même si certaines facultés sont plus prestigieuses que d'autres, n'a pas vraiment toujours la même signification qu'obtenir un diplôme de licence, maîtrise ou doctorat, les fameux L.M.D., dans des domaines aussi variés que la physique, la chimie, la biologie, la sociologie, la psychologie, la communication, *etc*.

Jacques-Henri est maître de conférences dans une université de province et sa journée est bien mal partie au niveau enseignement car il a une mission globale qui lui impose aussi une charge de recherche en plus de sa charge d'enseignement. En fait, lorsque l'on parle d'imposition il faut se rappeler qu'en France on n'impose rien à un enseignant-chercheur ! On ne lui impose rien dans notre beau pays des libertés car il a une vocation, cet enseignant-chercheur, il a une mission et il porte une croix à plusieurs branches d'insatisfaction dont, mais la liste est loin d'être exhaustive, le mal être, un sentiment d'injustice au niveau de son salaire et surtout le peu de considération de la nation !

En fait, de considération, il n'est que de voir la façon dont on se supporte dans cette caste des enseignants-chercheurs pour savoir que son sentiment est plus que partagé. Il est même écrit dans le marbre virtuel des ordinateurs portables qui servent aujourd'hui de cahier de notes.

Jacques-Henri est un convaincu, pas un extrémiste que l'on pourrait caricaturer en « barbu » aux idées bien arrêtées, une sorte de taliban des pâturages français. Non, c'est tout simplement un enseignant-chercheur convaincu de l'importance de sa mission. Ce n'est certainement pas un tribun, quoique cela aurait pu l'aider de manière considérable dans la dispense de ses cours, ce n'est pas non plus un meneur d'hommes, il ne faut pas exagérer quand même. On est enseignant-chercheur, ou plutôt on le devient, on n'est pas enseignant-chercheur-leader-manager, c'est une fonction de l'industrie asservie au grand capital !

Dommage, car cela permettrait une plus large ouverture d'esprit, une compréhension améliorée de la société et de ses nombreuses attentes.

Tranche de vie 4

Les parents de Jacques-Henri, des instits comme on les hait tant !

Instituteurs et fiers, pour certains, les plus mauvais, d'appartenir à une élite des petits bras.

Il avait choisi, Jacques-Henri notre maître de conf., sa voie bien avant qu'il n'ait passé son précieux premier diplôme important, si l'on excepte le toujours fameux brevet des collèges à la fin de la troisième et le baccalauréat. Ce fameux sésame qu'il a d'ailleurs obtenu avec une petite mention, comme d'ailleurs presque la moitié des bacheliers de nos jours ce qui relativise l'exploit, surtout que l'on nous assène des chiffres aberrants de quatre-vingt pour cent de succès au bac pour une classe d'âge, mais obtenu quand même du premier coup, aiment à souligner avec insistance et fierté non dissimulée ses géniteurs, nos membres affichés de l'élite des petits bras de l'éducation nationale, les instits.

Quand il est écrit plus haut qu'il avait choisi sa voie, il est bien évident, malheureusement pour lui et encore plus pour ses étudiants d'aujourd'hui, les pauvres « bichounets », que celle-ci était toute tracée et qu'il était hors de question qu'il puisse même un instant imaginer y déroger.
« Ce sera l'enseignement supérieur, ce sera même la recherche mon fils », notre fils car ils sont deux ses parents aimants et protecteurs. Quels jolis mots, quels jolis métiers que ceux-ci, ces fonctions nobles touchant aux fondements même de notre société. Ces fonctions quasi mystiques, n'ayons pas peur des comparaisons flatteuses, ont un rapport direct avec le savoir multimillénaire de l'Humanité, l'ensemble de son histoire, de ses progrès, de son évolution, de son enrichissement perpétuel, de sa transmission, faisant ainsi la fierté de ses géniteurs qui sont, il nous faut ici le rappeler et le souligner encore, à l'origine, de simples instituteurs.

Le mot « simples » étant pris dans une acception tout à fait positive car signifiant qu'ils ne sortent pas de la cuisse d'un Jupiter fortuné.

Loin de nous l'idée de critiquer, mépriser ou galvauder ce métier qui est, rappelons-le, admirable mais trop souvent pratiqué par des êtres plus ou moins dénués de qualité et de passion, ce qui, *de facto* devrait leur interdire d'endosser l'uniforme virtuel mais Ô combien fondamental de l'instituteur ou de l'institutrice en France. Car il est une règle non écrite dans la fonction publique – l'éducation nationale pour être plus précis – une noblesse singulière et autoproclamée des intellectuels de tous poils qui fait que lorsque l'on se reproduit, on enfante, on met ou plutôt on offre au monde avide de représentants érudits, de futurs enseignants, de futurs chercheurs, de futurs ingénieurs, de futurs docteurs en médecine avec une spécialité prestigieuse si possible.

Si l'on a trois enfants par exemple, ce qui correspond *grosso modo* à la moyenne de procréation des petites élites de la nation, ils auront tous leur baccalauréat avec mention. Ils intègreront alors tous une « grande école » ou une université réputée dans le domaine de la médecine, avec une spécialité autant que faire se peut, ou dans le domaine du droit, international si possible, et ils sortiront tous du lot car un vrai fonctionnaire de l'éducation nationale, un enseignant français se reproduit non pas à l'identique, mais à l'échelon supérieur. Un instituteur ne peut qu'enfanter un normalien agrégé ou un « X » bon teint car l'aristocratie des années *post* Jules Ferry, c'est l'enseignement supérieur ! Ce qui fait qu'automatiquement ces rejetons de l'aristocratie nouvelle n'iront plus automatiquement à l'armée ou au couvent pour préserver la tradition mais dans les plus grandes écoles et les meilleures universités de la République ou du privé. Soit dit en passant, celles qui sont aussi les mieux dotées, ne nous leurrons point !

Si par malheur il ne fait que la fac, l'université, notre rejeton, on entend par là le lieu où par définition on « glande », le refuge des fainéants et des cancres, là où l'on atterrit ou plutôt on échoue si on n'a pas intégré une prépa, une école, une fac digne de ce nom, ce sera la honte, on sera véritablement « pété de honte » pour reprendre le langage des petits cons dépeints plus haut. Celle-ci, la honte, on la dissimulera avec un courage et une abnégation que seuls les purs enseignants totalement dédiés à leur sacerdoce peuvent afficher.

C'est la tête haute que l'on continuera à acheter ses radis, son persil et son pain bio sur les marchés du mercredi et du dimanche, en portant sa croix, celle de l'échec humiliant du petit dernier qui a loupé l'entrée à l' « X », l'école polytechnique, après son entrée laborieuse dans une prépa prestigieuse, et pourtant tout avait été fait, et tout le monde s'attendait à ce qu'il l'intègre cette école, cette voie royale que représentait cette école prestigieuse. D'ailleurs, on hésite encore, lorsque l'on est enseignant et géniteur d'un brillant élève, pléonasme car bien évidemment les enfants des enseignants sont les « têtes », les intellos des classes de la sixième à la terminale, les chouchous de l'école, du collège et du lycée, à porter plainte contre une administration réactionnaire et incompétente, on ne parle pas de soi évidemment mais de ces assistés fainéants qui n'ont aucun contact avec les élèves car eux savent ce qu'est un élève quand finalement ils en voient un dans leur longue carrière ; car cet échec est incompréhensible et quasi impensable !

On fait face ici, avec une certaine dignité, à une incompréhension totale et la messe du dimanche matin sera aussi un véritable chemin de croix, c'est le cas de le dire, sous le regard des autres, des relations, des parents d'élèves non enseignants comme eux dont les enfants ont côtoyé les leurs sans jamais imaginer qu'un jour peut-être ce serait l'humiliation ; des amis, de ceux qui, eux aussi, sont ou ont été instituteurs, dont tous les enfants, évidemment et comment en douter un seul instant, ont réussi les concours qu'ils ont préparés sous l'œil attentif, protecteur et admiratif de leurs parents.

Nous aurions pu revenir sur ce choix car il est bien évident que personne n'aurait choisi Jacques-Henri, mais cela il ne le sait pas et de toute façon, on n'en parlera plus et on s'en moque complètement car la vie et la carrière de cette nullité ambulante nous insupporte de plus en plus. Il ne l'imagine pas une seule seconde et puis des clones de Jacques-Henri se préparent déjà pour la relève. L'enseignement supérieur et la recherche en France, telle qu'elle est portée par ces petits bras, ont encore de beaux jours devant eux.

Et tout cela malheureusement pour l'enseignement, la recherche et la science et aussi malheureusement pour nos petits cons dégénérés dont nous avons fait partie et dont nous sommes encore si fiers !

Lesdits parents de Jacques-Henri, premier enfant d'une fratrie de trois rejetons, tous diplômés de l'enseignement supérieur comme on pouvait s'y attendre et tous titulaires du bac avec mention, sont donc des « instits » devenus ou promus au cours du temps « profs » de collège puis de lycée dans notre beau pays. Bernard et Marinette, c'est ainsi qu'ils se prénomment, ont estimé tout au long de leur vie dont l'intensité n'a d'égal que la suffisance avec laquelle ils méprisent, les néonantis, ceux qui gagnent leur vie mais qui n'ont pas embrassé, comme eux, avec passion, le sacerdoce de l'enseignement, faire partie d'une race à part, d'une race qui se devait par tradition, et peut-être par mission sacrée, de mener le combat. Et ce combat d'une justesse implacable, ils l'ont constamment mené avec force, avec la sérénité de ceux qui sont dans leurs bons droits contre les adversaires historiques, ceux qui ont réussi, sont-ils convaincus, sur les dos des petits dont ils font partie sans en faire partie. Ils ont mené ce combat avant même d'être à l'article de la mort, mais plutôt à l'article du repos et du fameux arrêt maladie automatique et systématiquement reconduit, car on n'est pas assez lâche pour « être malade » devant de tels enjeux.

Par contre, lorsque l'on ressent une petite douleur, une petite migraine plus ou moins imaginaire, on se fout et contre fout des élèves, on est absent car on est souffrant et puis voilà !

De toute façon, on n'a pas de compte à rendre à la société qui nous méprise ni aux parents des élèves qu'il faut supporter, les parents comme les élèves, et en plus personne ne nous en demande, et c'est ainsi. C'est aussi là que se situe l'ambigüité de leur chemin de croix car ils défendent ou plutôt ils revendiquent une défense des petits auxquels ils s'assimilent.

Mais ils se considèrent aussi comme des membres à part entière de la société élitiste sans ostentation des intellectuels, de ceux qui font progresser ou plutôt de ceux qui maintiennent et préservent l'humanité face à un progrès technologique qui broie tout sur son passage. Le progrès à outrance ne passera pas chez eux, croix de bois croix de fer, le retour au Larzac des années soixante-dix est imminent, la cuisinière à bois est installée, le potager est immense et les voisins se chauffent déjà avec du gaz produit à partir des excréments des poules libres de gambader et qui produisent des œufs et des excréments. Tout ce qu'il y a de bio y compris pour faire croître les graines germées. La télévision, cette machine immonde, cette fenêtre voyeuriste utilisée par le pouvoir pour nous laver le cerveau a été offerte aux compagnons d'Emmaüs. De toute façon, elle ne marchait plus, attirait la poussière aux côtés du minitel et prenait de la place dans un salon entièrement dédié à la réflexion avant l'action corporatiste. Par contre, la connexion internet est là mais uniquement pour ne pas être complètement déconnecté d'un monde envahi par les autres, les technos ! Le gaz de schiste est aujourd'hui un de leurs nouveaux combats, c'est à n'en pas douter la nouvelle croisade qu'il faudra mener car ils en sont convaincus, leur exploitation potentielle mais surtout leur exploration planifiée qui utilise des technologies qui détruisent la roche, polluent les nappes phréatiques, contaminent les sols est une véritable insulte à leurs actions révolutionnaires d'antan.

Cela faisait véritablement très longtemps qu'une cause aussi noble ne leur avait donné l'occasion de manifester non plus avec le landau de leurs mômes aujourd'hui « universitarisés » en bons petits cons qui se respectent sans respecter les autres, mais maintenant, avec celui de leurs petits enfants ou avec celui de la voisine. Celle-ci, la voisine, au demeurant très sympathique, autrement il serait hors de question d'envisager de manifester ensemble car c'est trop sérieux pour risquer de coopter des taupes du pouvoir, s'est installée il y a peu avec son mari. Cet ancien avocat d'affaires, comme elle, et leurs trois adorables enfants vivent et prospèrent dans la ferme du bas, celle qui est restée à l'abandon, quelle incongruité, depuis des décennies.

Des purs, des vrais ces jeunes-là, ils forment un couple formidable avec des enfants qui sont si beaux à voir, ils respirent tant la joie de vivre, le retour désiré à la nature, des révoltés à n'en point douter qui s'ignoraient, des Français qui auraient pu intégrer la communauté enseignante avec les valeurs qu'ils véhiculent, c'est sûr, jusqu'à ce qu'ils se fassent honteusement virer de leurs cabinets respectifs avec seulement trois misérables années de salaires et des indemnités leur permettant tout juste de s'acheter un petit lopin de terre dans la France profonde. C'est donc tout seuls qu'ils ont décidé de retourner à la nature en exploitant leur petite ferme de cent cinquante hectares en produisant des pissenlits bio. Ces pissenlits, tout ce qu'il y a de naturel qu'ils iront échanger, car le troc est le symbole du mieux vivre, du retour à la nature, du retour aux traditions, sur les marchés du département contre des mottes de beurre naturel et sans produits chimiques additionnels fabriquées par leurs voisins directs, des traders assagis. Bien évidemment, il va sans dire que les cours de la « bourse » locale seront respectés et que la parité botte de pissenlits *versus* motte de beurre sera la base de leur petite entreprise. Aucune transaction à découvert ne sera autorisée et chacun sera rétribué à la hauteur de son travail et de sa production. Ces derniers, nos gentils traders, après avoir fait fortune sur le dos des consommateurs impuissants du monde entier, et en particulier les plus démunis, ont décidé d'investir dans une étable de quatre cents vaches laitières, pilotée par ordinateur et constamment contrôlée par un système satellitaire qui permet de détecter la moindre anomalie dans les parcelles d'une bonne herbe biologiquement traitée, et de connaître, à tout moment, la position des vaches et le volume ainsi que la pression de leurs pis. Cette détection se fait grâce à une puce GPS avec une option GALILEO, lorsque celui-ci sera opérationnel (pas avant une vingtaine d'années à en croire les spécialistes qui l'avaient annoncé il y a cinq ans déjà au moins), implantée ou plutôt admirablement greffée sur leurs mamelles pour qu'elles produisent le meilleur lait bio du monde. En effet, chaque vache a à sa disposition au moins dix hectares pour elle toute seule ! Ce qui fait que leur « petit chez eux » avoisine les quatre mille hectares. Et dire que l'on parle de la désertification du monde rural, quelle sottise.

De plus, une idée originale a germé dans leurs esprits reconvertis très récemment à la nature en imaginant utiliser les services de plusieurs personnes du village, sur le point d'être abandonné, qui s'ennuyaient à faire pleurer un élu du cru, bien évidemment héritier et cumulard, dans les chaumières. C'est en fait une bonne dizaine de braves et bonnes paysannes, bien de chez nous, de cette France profonde que l'on ne connaît pas mais que l'on imagine ou plutôt que l'on fantasme au travers d'images plus ou moins éculées. Elles étaient veuves et désespérées jusqu'à l'arrivée de ces nouveaux paysans high-tech et bio, les « bo bio », les bourgeois bio par opposition aux « bo bo », les bourgeois bohèmes. Ces derniers ont ajouté *de facto* une saine occupation altruiste alliant tradition, satisfaction du travail bien fait et désir de réconforter son prochain surtout si ce dernier est dans l'impérieuse nécessité de trouver quelque revenu que ce soit. Elles ont toutes perdu leurs conjoints, leurs fermes et la totalité de leurs terres après que la banque a fait saisir, par voie d'huissier, ce qu'ils avaient patiemment construit depuis quatre générations car ils n'arrivaient plus à payer leurs échéances. La loi du marché est implacable mais elle est juste car tout banquier qui se respecte ne pratique pas l'usure et on doit être capable de rembourser sa dette, même si l'on a perdu son conjoint, si vos enfants vous ont largué, vos proches se sont suicidé et si la maladie ne vous a pas épargné, c'est comme cela et puis c'est tout.

Elles viennent donc, et c'est en soi un retour tout à fait original à la nature, à la terre, et à la proximité avec le monde de la ferme, masser très consciencieusement les pis de toutes les vaches et ceci tous les soirs comme on aurait pu imaginer le faire dans les contes d'Andersen, chez *Martine à la ferme,* chez *Fifi brin d'acier* ou *Oui-Oui potiron.* Pour cette tâche d'une grande noblesse et qui, surtout, va leur permettre de rester sur la terre de leurs parents, de leurs grands-parents et de leurs aïeuls et aïeux, elles sont payées au noir car il est évident que l'état français glouton ne doit pas affliger les malheureuses qui seront de ce fait rémunérées à la moitié d'un S.M.I.C. Aucun impôt contre-révolutionnaire ne sera ainsi prélevé et acquitté, T.V.A. ou autre, il ne faut quand même pas exagérer car la bonté a tout de même ses limites et il est des réalités économiques que l'on ne peut ignorer surtout lorsque l'on a exercé le beau métier de financier de haut vol et que l'on a perçu tant de primes et mis sur la paille, quel étrange retour aux sources agrestes de cette expression, tant de personnes. Encore heureux qu'elles aient trouvé cette occupation paysanne correctement rémunérée car ils auraient tout aussi bien pu, nos financiers reconvertis, les laisser crever dans leurs basses-cours ces arriérées mentales et sociétales, ces handicapées du progrès.

Que c'est beau ce retour à la nature, ce retour à la terre nourricière et généreuse surtout pour ceux qui en ont les moyens ; on ne parle pas ici de subventions européennes ou nationales, quelle inconvenance. D'ailleurs, l'ancien trader a décidé contre vents et marées d'acheter une Porsche Cayenne hybride à son épouse aimante, qu'il recharge le soir, sa voiture, sur son petit barrage hydroélectrique et aussi à partir de l'énergie produite par son toit recouvert de tuiles solaires, dernier cri. Il les a faites venir, ces tuiles de haute technicité, par bateau à rames directement du Sénégal, de la Côte d'Ivoire et du Cameroun, manipulées par des chômeurs, anciens footballeurs professionnels de grands clubs français, reconvertis dans le transport écologique transatlantique.

De vrais sportifs ceux-là, pas comme nos millionnaires atrophiés du bulbe, abrutis d'un feuilleton dont ils étaient les héros sans comprendre la portée de leur épisode sud africain accablant et irresponsable. A l'insu de leur plein gré, aurait-on pu leur faire dire comme l'avait fait lors de la grande boucle il y a quelques années, un expatrié, chouchou des Français franchouillards, du côté de Genève. Cela fait véritablement plaisir à voir et le coût horaire défie toute concurrence. On devrait forcer quelques fainéants de Pôle emploi à souquer ferme, cela ne devrait pas trop les dépayser car il est vrai quand même qu'ils ont l'habitude de ramer. Pôle emploi, une officine remplie à ras bord d'incompétents blasés qui se foutent complètement des désespérés qui leur font face, ouverte officiellement et dans leur esprit à des paresseux qui refusent des emplois pourtant faits pour eux. Un bac plus quatre : caissier dans une supérette, un directeur commercial : serveur dans une brasserie. Quelle horreur, jamais un enseignant n'irait à Pôle emploi.

Et lorsque l'on constate que l'éducation nationale sous la houlette d'un ministre girouette veut faire appel à ces handicapés du travail, Bernard et Marinette sont prêts à aller faire brûler un cierge bio, fabriqué sans huile de palme, sur l'autel de leur indignation.

Ces éléments de toiture, donc, sont admirablement et esthétiquement incorporés dans la charpente elle-même assemblée avec du jus de betterave bio produit par leur voisin du bas, ancien conseiller sécurité du directeur de la centrale nucléaire de Fukushima. Celle-ci, la charpente, est faite d'un bois qui a poussé sur du compost de hamsters, ce qui a limité l'utilisation de nitrates et donc protégé les nappes phréatiques et les plages du littoral, ne cessent-ils de rappeler, de la ferme voisine. Elle se trouve être entièrement construite sur pilotis, sa fermette, pour prévenir tout tremblement de terre ; on n'est jamais à l'abri des catastrophes sismiques qui sont elles aussi tout à fait naturelles et bio, faut-il encore le rappeler ici, que du bonheur. D'ailleurs, notre voisin « atomique » n'a jamais véritablement habité à côté de la centrale nucléaire japonaise tant décriée et on se pose la question de savoir pourquoi encore aujourd'hui. Cela pourrait même paraître assez bizarre se demande-t-on sans trop le faire savoir, et ses enfants ont été les premiers à quitter le lycée français de Tokyo, une action courageuse prise par des parents aimants et protecteurs, soucieux de la sécurité de leurs enfants, un homme responsable en somme. Des gens honnêtes et travailleurs à n'en point douter, qui ont reconverti leur Hummer de deux tonnes et demie aux vitres fumées avec l'adjonction d'un moteur non polluant à gaz produit à partir des déjections issues de l'élevage de vers à soie de leurs voisins de l'est.

Pour en revenir à nos deux profs, anciens instits, géniteurs du dorénavant fameux maître de conf., ils ne savent pas pourquoi ils sont contre l'exploitation du gaz de schiste, d'ailleurs ils n'ont jamais bien su pourquoi ils étaient toute leur vie durant systématiquement contre les réformes qui étaient proposées. La question n'était pas là, il fallait tout simplement montrer son indépendance par rapport à l'ordre établi.

D'ailleurs, à la réflexion, ils ne sont pas les seuls à être opposés à cette exploitation, mais, justement, internet a créé le buzz et il est aujourd'hui hors de question de faire un barbecue de la grand-mère ou de la belle-mère ou de la jeune fille au pair importée des Philippines, corvéable et malléable à merci, payée ou plutôt sous payée au noir, en allumant l'eau froide dans la cuisine. Déjà qu'avec les productions de gaz à partir de fumier, lisier et autres *biozeries* qui sont diverses et variées, mais mal contrôlées par nos citadins plus ou moins bien reconvertis, la zone pourrait certainement être plusieurs fois classée SEVESO avec des périmètres de sécurité qui excluraient toute habitation à plusieurs kilomètres à la ronde.

Ce sera donc une manifestation contre l'état glouton, l'état répresseur, l'état omniprésent, l'état tout puissant, l'état non protecteur qui veut polluer aujourd'hui les nappes phréatiques, brûler les paysans dans leurs étables, ronger les pissenlits par la racine, « asexuer » les vers à soie, prendre les hamsters pour de vulgaires cobayes, remplir de bactéries pathogènes les pissenlits, les concombres, les graines germées et les salades et infecter le fromage de brebis.

Cette vie intense qui a toujours été la leur, et qui fait encore leur bonheur aujourd'hui, a été faite de nombreuses vacances studieuses, de nombreux week-ends, de ponts multiples, de jours fériés que l'on ne compte plus, d'innombrables journées de formation, d'incalculables jours ou semaines de maladie, de R.T.T. (récupération du temps de travail) climatiques, de R.T.T. systématiques, de R.T.T. familiaux, de R.T.T. « examens enfants », de R.T.T. « remise diplôme » de leurs enfants, de R.T.T. pour la remise de distinctions de leurs collègues, de R.T.T. psychologiques, de R.T.T. « soutien psychologique », de R.T.T. de préparation d'actions (grève, R.T.T.,), d'importantes journées de rattrapage de ceci ou de cela, de surveillances d'examens, d'interminables journées pédagogiques annoncées la veille, le jour même ou carrément le lendemain ou le surlendemain, de leur absence aux élèves et parents médusés, et de journées de combat que leur tutelle a qualifiées, en ces temps mémorables, de journées de grève ou de droit de retrait. Cela fait plus responsable...
Ces journées de combat intense donc, ou de grève suivant le point de vue duquel on se place, ont été autant de véritables campagnes de soulèvement et de véritables révoltes d'un grand courage menées tambour battant contre l'autorité et c'est là que se niche leur fierté d'anciens combattants. Ils se prennent pour des révolutionnaires et se comportent en véritables *post* soixante-huitards attardés, des preneurs de Bastille virtuelle diplômés et peureux. Leur courage n'a d'égal que leur fainéantise et les œillères démesurées qu'ils portent, greffées sur leurs têtes qui contiennent

des cervelles, dans certains cas, qui n'ont jamais été mises au service des enfants.

Quand ils seront finalement partis en retraite, outre le fait qu'ils ne travailleront pas moins que lorsqu'ils étaient en activité, non pas qu'ils occuperont alors des fonctions qui les obligeraient à travailler, mais simplement parce que finalement ils n'ont jamais ni travaillé ni véritablement exercé de métier, leur métier officiel d'enseignant. Ils seront des instits devenus profs retraités vivant, comme à leur habitude, sur le dos des vrais enseignants si ceux-là sont encore en vie car eux auront vraiment travaillé et auraient du aspirer à une douce retraite !

Ils s'en souviennent encore de ces batailles avec de grosses larmes qui vont couler tout doucement sur leurs belles joues reposées de fonctionnaires, presque retraités mais dans tous les cas sans aucun souci de l'éducation nationale. Ce sont des campagnes épiques où l'on s'est battu pour la revendication du droit fondamental à l'éducation avec cependant un *leitmotiv* en filigrane, un oubli de taille à savoir l'éducation véritable de ceux et de celles dont ils avaient la lourde charge et leur incapacité à se remettre en cause. Cette incapacité active et non subie était accompagnée d'une conviction à toute épreuve de la vérité qui confinait à la dictature des actes et des paroles. Cette incapacité entrainait une confiscation du bien le plus précieux de nos enfants, leur droit à apprendre différemment, autrement, sans être voué aux Gémonies.

« Et puis, lorsque l'on fait grève on n'est pas payé, monsieur ! » pouvait-on entendre jadis et continuer à percevoir encore de nos jours.

Sauf peut-être, sûrement même, dans l'éducation nationale et évidemment au niveau au-dessus de la fainéantise patentée, l'enseignement supérieur et les hordes de Jacques-Henri, qui a renoncé, et qui pourrait prétendre décemment le contraire, depuis longtemps à prélever les émoluments officiels correspondant aux jours de grève sur les salaires bien évidemment trop modestes de ces soldats héroïques « jusqu'au-boutistes ». Même, et c'est encore le minimum, si de temps en temps une journée n'a pas été payée sur quelques semaines, de mois voire d'années d'absence pour cause de combats, de batailles éreintantes. Ils sont aussi conscients, depuis le début de leur sacerdoce dans l'enseignement, que leurs misérables salaires n'étaient pas à la hauteur de la mission fondamentale d'éducation des enfants de la nation toute entière qu'ils remplissaient et de leurs ambitions démesurées.

Aujourd'hui, quelques journalistes s'aventurent à comparer les émoluments dans différents pays et s'indignent des écarts avec ce que gagnent nos enseignants. Quelle malhonnêteté !

Le salaire n'est pas la seule rentrée d'argent de nos fonctionnaires zélés, *quid* de toutes ces heures supplémentaires, des cours particuliers, des corrections d'examens, des surveillances d'examens, des participations aux rédactions des sujets d'examens, des préparations d'ouvrage, des séminaires de formation, *etc*. Et que, de ce fait, de manière éhontée, ils ne pouvaient pas décemment attendre leur soixantième anniversaire ni même leur cinquantième pour bénéficier d'une préretraite ou plutôt de cette « pré-post non activité » amplement méritée. En fait, ils n'ont jamais ni vraiment exercé ni vraiment travaillé ni vraiment fait quoi que ce soit en lien direct avec leur soi-disant petit salaire et l'appartement de fonction qu'ils ont occupé de temps en temps et malheureusement plus du tout depuis qu'ils sont devenus post-instits *i.e.* profs, et qu'ils ont bien utilisé. L'Etat leur devait bien cela et même si pendant quelques dizaines de petits mois, peut-être plus, ils ont sous loué ce petit F4, uniquement pour rendre service, ne nous méprenons point.

C'est parce qu'ils étaient en formation ou en cure de longue durée ou pour aider temporairement, cela va sans dire mais beaucoup mieux en le disant, un collègue ou le rejeton de celui-ci, c'est aussi une marque de rébellion face à l'état castrateur.

Ils n'en ont certainement pas honte, ce n'est quand même pas avec leurs émoluments de misère que l'on peut leur chercher des poux dans la tête ! Et même si cela était condamnable, le syndicat représentatif des enseignants opprimés les aurait soutenus bec et ongles car on ne badine pas avec les avantages acquis et le corporatisme ringard dont les franchouillards sont si fiers.

Tout ceci étant dit, cette mission qui est la leur, une mission qu'ils se sont appropriée, ils se devaient de la réorienter avec un certain entrain. Celui-ci, ils auraient aussi pu l'utiliser en faisant tout simplement leur boulot d'enseignant. Mais ils l'ont délibérément et comme des moutons de Panurge mis au service de revendications trop souvent stériles et dans tous les cas au détriment des enfants, de leurs élèves qui n'étaient certainement pas capables de subir ces idéologies irresponsables d'un autre âge. Ils ont suivi leurs intimes convictions ou celles que d'autres plus assurés et plus syndiqués leur susurraient et qu'ils ont faites leurs. Il fallait continuer à combattre l'autorité qui les rémunérait, toujours critiquer les réformes qui étaient proposées, systématiquement refuser les nouvelles méthodes de travail, en fait tout repousser au nom de la défense d'un système archaïque dans lequel ils se sont vautrés allègrement.

Bernard et Marinette sont les tout petits bras du système éducatif français, ils sont les soutiers incompétents et fainéants du paquebot à la dérive de l'enseignement. Sans eux, tout s'effondrerait en fait, c'est ce qu'ils disent, hurlent, rabâchent et ils en sont complètement convaincus, les pauvres attardés. Leur aveuglement quant à leur apport réel dans la société et en particulier dans le système éducatif que le monde nous envie (…) fait peine à voir. C'est l'apanage du petit bras, de celui qui n'a jamais retiré ses œillères, de celui qui n'a jamais traversé la rue, de celui qui ne sait pas ce que les autres ont essayé, démontré, appliqué, mais ailleurs qu'en France.

On a affaire ici aux derniers représentants pour ne pas dire « vestiges » de tribus oubliées, renfermées sur elles-mêmes, des tribus que certains explorateurs plus ou moins bien intentionnés observent, essayant de leur apporter une opportunité nouvelle, essayant de les faire sortir de leur petit monde replié ; ils sont la tribu qui facilite l'éclosion de nos petits crétins et petites crétines des cours de récré. Ces dinosaures, car contrairement au mammouth de Claude Allègre, on est beaucoup plus loin dans l'histoire, d'un système éducatif fossilisé, continuent à polluer notre espace de liberté avec leurs méthodes d'un autre âge, leurs méthodes dépassées qui n'ont jamais fait leurs preuves et qui ne les feront jamais.

En se targuant de retourner aux sources, en ayant la bouche pleine du bien vivre, du bien être, du « savoir être » qu'ils ne comprendront jamais, du « savoir prendre le temps de vivre », ils ont carrément détruit et bousillé des générations d'enfants qui avaient en eux une confiance aveugle. Incapables de se remettre en question ils sont une caste composée de virus et ne peuvent vivre sans l'organisme qu'ils colonisent. Ils sont convaincus de leur nécessité, de leur raison d'exister, de se multiplier, de se cloner, de prospérer car on ne sait toujours pas comment les éliminer.

Aucun anti-virus tels que la rénovation, les expériences internationales, l'écoute des aspirations des enfants, l'écoute des suggestions des parents n'a jamais eu quelque effet que ce soit sur eux, aucun antibiotique non plus même si on voudrait y croire, mais cela n'est pas automatique, car évidemment ce sont des virus et non des bactéries pathogènes !

Même si on aimerait y croire et arriver tous à s'en convaincre, rien que pour un court instant, on voudrait vraiment leur faire comprendre leurs erreurs, mais ils sont virus et en plus ils sont très virulents !

Conclusion temporaire et liminaire !

Voilà. Une collection détaillée et outrancière de tranches de vie relatant le quotidien plus ou moins imagé, plus ou moins caricaturé d'une partie de la population à savoir les enseignants, les instits en particulier, les profs en général et la crème de tous ces petits bras atrophiés du bulbe et qui veulent émettre plus haut que leur derrière *i.e.* les enseignants-chercheurs.

Je les hais, je les vomis comme je l'ai écrit au début de ce pamphlet, car ils polluent notre espace de vie et détruisent notre avenir, les enfants, les étudiants, les esprits neufs avides de connaître, de comprendre le monde qui s'offre à eux et que ces irresponsables méprisent de manière honteuse.

Je les ai subis, mes enfants les subissent, il nous faut réagir et favoriser les vrais, les purs, les justes, sans cela nous disparaîtrons.

J'ai tout de même l'espoir que d'autres réagiront et que nous bouterons ensemble hors de nos écoles ces êtres néfastes.